辞書には載っていない!? 日本語

高村史司

JN099666

青春新書
PLAYBOOKS

はじめに

言葉って不思議です。そもそも言葉というのは、他人とコミュニケーションを取るための道具としてできたはずです。大げさにいえば、そのおかげで人類はここまで進歩してきたといっても過言ではありません。

ところが、なかには周囲の人に通じないことを目的とする言葉があるというではありませんか。それが、この本で取り上げた隠語、業界用語などと呼ばれる言葉です。

隠語というのは「隠れた言葉」というくらいですから、一部の限られた人の間だけで通じる言葉を指します。この本に登場する、医者や看護師が使う「エッセン」、特定の百貨店で使われる「ごはち」というのも、そんな隠語の典型的な例です。関係者は理解できるけれども、患者さんやお客さんが聞いても、なんのことだかわからない言葉です。要するに、関係者以外に知られたくない内容を伝えるときに、こうした隠語を使うわけです。隠語や業界用語には、仲間内だけで通じることで、仲間意識を高める効果もあります。昔のジャズメンがよく使った逆さ言葉（倒語）はそのいい例でしょう。

ここが重要な点なのですが、こうした言葉のなかには、一般の辞書には載っていないものもたくさんあります。そこに隠語や業界用語らしさがあるのですが、そんな知られざる日本語の代表格を集めて1冊にしてしまいました。さらに、トンチやシャレが利いている洒落《しゃれ》言葉、ゲン担ぎから生まれた縁起のいい言葉などもあわせて収めています。すし屋さんでよく耳にする不思議な符丁《ふちょう》も、明日からは理解できてしまうことでしょう。

それだけではありません。この本では単なる言葉の説明で終わらせることなく、言葉の由来やその言葉にまつわるエピソードなど、ついつい誰かに話したくなるネタも取り上げて楽しく読める工夫をしています。

ぜひとも、日本語の楽しさや不思議さに親しんでいただき、普段なにげなく話している言葉について、深く考えるきっかけにしていただければ、筆者としてこれほどうれしいことはありません。

『辞書には載っていない!? 日本語』目次

6章 「うちの子はようやく『つばなれ』しました」ちょっと使ってみたくなる日本語

本文イラスト／坂木浩子
本文デザイン／青木佐和子

1章

お客には知られたくない飲食店の日本語

すし屋にいる「兄貴」と「弟」って誰のこと？

アニキ

先に仕入れた食材のこと

飲食業界では、先に入荷した食材から順に料理して提供する「先入れ先出し」が重要です。新しいものから出していっては、鮮度の落ちたものが残ってしまうことになるからです。

けれども、「そっちのほうが古いネタだから、それから使って」なんていうのはヤボの限りなだけでなく、客の耳に入ったら印象は最悪です。そこで、客に悟られないよう、古い食材を指して「上の棚にあるのがアニキだからね」といった具合に、「**アニキ**」または「**アニイ**」という隠語を使うわけです。すし屋や焼肉屋をはじめ、生鮮食材を扱う料理店で広く使われている言葉です。

反対に、新しい食材は「**オトウト**」と呼びます。もちろん、「アネキ」と「イモウト」でもいいのでしょうが、従来の飲食店の厨房《ちゅうぼう》には男性が多かったので、自然と「アニキ」と「オトウト」が使われてきたのかもしれません。

また、前日仕入れた食材は、ちょっとシャレて「お泊まり」ということがあります。先輩の板前さんの言葉としては、「そこにあるのは昨日のネタだからね」というより、「お泊まりのネタだからね」といったほうがはるかに粋というものです。

ところで、客にすれば、できれば「アニキ」や「お泊まり」ではない、新鮮な食材の料理を食べたいところですが、冷蔵・冷凍技術が進んだ現代では、あまり神経質になる必要はないかもしれません。

むしろ、すしネタや肉によっては、多少寝かせてからのほうが食べ頃になるものもあります。

食材も人間も若ければいいというわけではありません。じっくりと時間と手間暇をかけたほうが、味わいが深くなることが多いものです。

煮殺す

煮すぎてダメにする

ちょっと聞くと物騒な言葉ですね。江戸時代に釜茹《かまゆ》での刑になった大泥棒の石《いし》川五右衛門《かわごえもん》を思い出して、ドキッとする人がいるかもしれません。

でも、ご心配なく。これは煮物をつくるときに、煮すぎてダメにしてしまうことを指します。出汁《だし》が煮詰まって食材の風味が失われてしまっては、お客さんにはとうてい出すことができません。

ただし、悪い意味ばかりではありません。料理や食材によっては、くたくたになるまで煮たほうがいい場合もあり、そんなときには、例えば「肉が箸でも切れるくらいになるまで**煮殺す**」といった言い方もします。

あたる

食材や鍋を焦がす

飲食店で「**あたる**」というと食中毒を連想して嫌がられそうですが、中華料理店やラーメン屋を中心に「焦がす」という意味でよく使われます。

強い火力で炒めたり、長時間煮込んだりする料理では、食材が焦げたり鍋底が焦げついたりしがちです。そこで、「野菜があたらないように」「この鍋はあたりやすいので気をつけて」などといって注意を促すわけです。

食材を大切にすることはもちろん、鍋は飲食店にとって命といってもよい存在です。普段から丁寧に扱うのはもちろん、鍋が焦げつくことがないように気を配る必要があります。

ける

食材を箸で動かす

飲食店の厨房で、先輩から「肉をけっておいて」といわれても、肉を足で蹴っ飛ばしてはいけません。

これは、中華料理店などで野菜や肉を炒めるとき、焦げつきや炒めムラができないように箸で食材を動かすことをいいます。確かにいわれてみれば、箸でシャカシャカとかきまわす様子は、「蹴る」ようなイメージを感じます。

厨房での料理づくりは、時間との勝負です、「箸でかきまわしておいて」なんてまわりくどいことをいっていられないのでしょう。そのために、こうした端的な表現が使われて残っているのだと考えられます。

ヤマ、カワ

品切れ、おすすめ品

「山、川」というと、忍者の合い言葉のようにも聞こえますが、そうではありません。どちらも飲食店でよく使われる隠語で、「**ヤマ**」というのは品切れ、売り切れを意味します。

例えば、「生ガキ、あと1つでヤマです！」という使い方をします。こんな声が聞こえたら、ほかのお客さんに先を越されないように急いで注文したほうがいいかもしれません。

「ヤマ」が品切れを意味することから、「なくなる、ゼロになる」という連想で、店によっては古くなった食材を捨てることを指して、「ヤマにしました」という言い方をすることがあります。

一方、「**カワ**」は店のおすすめメニューを指します。店の自慢料理やおすすめドリンク、本日のおすすめメニューなどを、スタッフ同士で「カワ」と呼び合うのです。

ですから、焼鳥屋で「今日のカワはつくねです」なんて声が聞こえても、「なぜつくねが皮なんだ」と驚いてはいけません。それよりも、品切れにならないうちにつくねを頼むのが正解です。

「ヤマ」と「カワ」の2つを組み合わせて、「今日のカワはヤマです」という言い方をすることもあります。冷静に聞くとおかしな表現ですが、ここまで読めばおわかりでしょう。「今日のおすすめメニューは売り切れです」という意味になるのです。

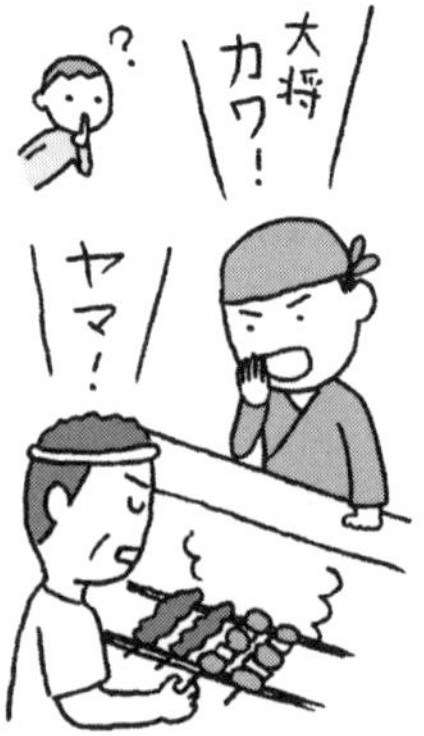

せきまえ

料理の催促をされていること

飲食店でホールのアルバイトをしていて、店員さんに「これ、『せきまえ』だから急いでね！」といわれたら、どうしたらよいでしょうか？

「席の前？　すぐ前に座っている人のこと？　それとも出口に近い席の人？」

知らないとまったく想像がつきませんね。

「せきまえ」は、料理が遅れていたり注文が通っていなかったりして、客から「鶏のから揚げ、まだ～？」というように料理を催促されることを意味します。

漢字で書くと「急き前」。あせることを「気がせく」、相手を急がせることを「せかす」といいますが、「せきまえ」の「せき」はそこから来ています。

逃がす、落とす

食材を廃棄する、食材をまかないとして使う

飲食店にとって衛生管理ほど重要なものはありません。傷んだ食材を出して食中毒でも発生したら一大事。とはいえ、食材を「捨てる」「廃棄する」という言い方は、どこか良心が痛みます。

そこで代わりに使われる隠語が「**逃がす**」です。「サンマ、逃がしました」というと、「捨てました」というよりも後ろめたさが減るような気がします。

また、売れ残って客に提供できないような食材は、従業員のまかないに使うこともあります。これは、「**落とす**」「**落とし**」といいます。「傷みかけていたので、まかないに落としました」というわけです。

エンソ

従業員に提供するまかない

飲食店で、従業員のために出す食事のことを「まかない」というのは、広く知られるようになりました。若手や見習いがあり合わせの材料でつくる食事ですが、なにしろ味にうるさい料理人が食べるものなので意外とおいしく、一般客向けのメニューに「まかない料理」として格上げされることもあります。

すし屋によっては、この「まかない」を「**エンソ**」と呼んでいます。塩と味噌を意味する「エン」と「ソ」を合体した言葉だといわれています。塩と味噌が基本的な調味料であることを意味すると同時に、漬物と味噌汁を象徴する言葉として「エンソ」が使われているようです。

養物《ようもの》

養殖された魚介類

「ようもの」というと、一般には洋楽や洋画のように、西洋から来たもの、西洋でつくられたものを指しますが、和食店やすし屋ではそうではありません。天然物に対して、養殖した魚介類を略して「**養物**」といいます。

「今日はいいハマチが入ってるよ。養物だけど、身が締まっているね」といった言い方をします。「養殖物」というよりも、少しおいしそうに聞こえるかも。

ひと昔前までは、養殖の魚というと人工的で味も今一つというイメージがありましたが、今では養殖技術も格段に進歩しました。天然資源の保全のためにも、喜んで「養物」をいただきましょう。

切らず玉、ずる玉

そば打ちに失敗したそば玉

シニアの男性がはまる趣味の一つに、そばづくりがあります。しかし、そば粉は、うどんの原料の小麦粉と違って、伸びにくく切れやすいので、そばづくりは簡単ではありません。とくに、そばを打つ（そば粉に水を加えて延ばす）ときに水の量が多すぎると、べたべたになってうまくこねることができません。

だからといって、あとからそば粉を足して調節しようとしても、先に入れたそば粉とはうまく混じり合いません。無理にこねて延ばそうとしても、ぼそぼそになったり短く切れたりするだけです。

それではそばとして客に出すわけにはいかず、そば玉の状態のまま切らずに捨てるしかないので、「**切らず玉**」と呼ぶわけです。

もう少しマシなのが**「ずる玉」**です。「切らず玉」ほどではないにしても、水分が多めなので、そば玉が軟らかくなります。ずる玉は、こねたり延ばしたりするときに力が少なくて済みます。

そばをこねるのは重労働ですので、なかにはあえて水を多めにし、そば玉を軟らかくして、手を抜いた人もいたことでしょう。「そんなことをするのはずるい！」と周囲の人が思ったことから、「ずる玉」と呼ばれるようになったといわれています。

一説には、水分が多くてずるずるしているから「ずる玉」と呼ばれるようになったともいわれ、現代語の「ずるい」の語源はこのそば打ちにあるという人もいます。

いずれにしても、ずる玉を切ってできたそばはコシがなくて、そば特有の歯ごたえがありません。手抜きをしたことは、すぐにバレてしまいます。

筏《いかだ》

ゆでたそばが何本もくっついている状態

そば職人がそばを切る映像を見たことがあるでしょうか。こねて折りたたんだそばを、いとも簡単に切っているように見えますが、そこにも熟練の技が必要です。

例えば、包丁をまな板までしっかりと切り通していないと、そばがきちんと切り離されません。そうなると、ゆでた麺が何本もから み合ったり、くっついたりしてしまいます。そのくっついた様子が、水に浮かぶ筏のように見えることから、これを「**筏**」と呼ぶわけです。

とくに、そばをこねたときの加水が多すぎて「ずる玉」（22ページ）になっていると、筏になりやすくなります。

鋳掛《いかけ》

2人以上の注文を同時に出すこと

「**鋳掛**」とは、鍋や釜を修理することをいいます。

昔は金属が貴重でしたから、鍋や釜に穴が空いたりひびが入ったりしても、すぐには捨てませんでした。

鋳掛屋と呼ばれる職人が、自転車やリヤカーに道具を積み込んで、「いかけー」という呼び声とともに、家々をまわって修理をしてくれたものです。

見ていると、鍋に空いた穴を金属でふさいで、削ったりたたいたり溶かしたりして、実に器用に修理してくれました。

現在では昔ながらの鋳掛屋さんを見ることはありませんが、今から思えば、環境保護や資源節約、リサイクルにかなったやり方だったように思えます。

そんな「鋳掛」が、そば屋をはじめとする料理屋において、「2人以上の注文を同時に出すこと」を意味する言葉として使われてきました。

その理由は、江戸時代後期にさかのぼります。

商いの都と呼ばれた大坂（現在の大阪）で、ある夫婦の鋳掛屋が広く評判を呼んでいました。その仲むつまじく手際のよい様子は、歌舞伎にも取り上げられるほどだったといいます。

そんなエピソードから、夫婦仲よく出かける様子を、「あのうちは鋳掛屋だなあ」というようになり、上方《かみがた》落語にもそんな表現が登場するようになりました。

それがいつしか飲食店、とくにそば屋の隠語となり、2人以上の料理を同時に出すことを指すようになったのです。

出花、あがり

最初に出すお茶、あとで出すお茶

古くから「鬼も十八、番茶も**出花**《でばな》」という言葉があります。「鬼のように器量の悪い女の子でも、入れたての番茶と同じく、18歳の年頃になると素敵になるものだ」という意味の慣用句です。

番茶というのは高級な煎茶にくらべると質の落ちるお茶を指していますが、そんな低質な番茶でも、入れたてはおいしいものだというのが、「番茶も出花」という言葉に込められているわけです。

この「花」は当て字で、「はなから勝負にならなかった」というときの「最初」という意味の「はな」のこと。さらにいえば、「出端《でばな》をくじく」の「出端」とは別の漢字が使われますが、語源は同じです。

前置きが長くなりましたが、要するに「最初に出てくるもの（お茶）」という意味で、すし屋などでは「出花」という言葉を使うわけです。

そもそも、客商売では「お茶」という言葉を避けたがります。というのも、江戸時代の遊廓《ゆうかく》ではお客がつかない女郎《じょろう》が、暇な時間に茶葉をひいて抹茶をつくっていたことから、「**お茶をひく**」が転じて「客が来ない」「商売が暇」という意味で使われるようになったためです。

すし屋で最後に出てくる「**あがり**」も、「お茶」を避けて使われるようになった隠語です。現在では最初のお茶から「あがり」というのが一般的になりました。

ところで、すし屋では客が「あがりください」という場面をよく見かけますが、隠語はあくまでも店の人が使う言葉です。客は素直に「お茶」を使うのがいいでしょう。

客が「お茶ください！」といったら、それを受けて店の人が「はい、あがり一丁！」と応えるのが粋というものではないでしょうか。

みてこ

水商売での未成年の従業員

いわゆる水商売の店では、18歳未満の就業は風営法、児童福祉法、労働基準法によって基本的に禁じられています。下手をすると営業停止になってしまうので、店がスタッフを採用するときには、なんらかの身分証明書を提出してもらうことになります。

ところが、18歳未満で働こうとする子はそれができないので、「身分証明書を提出できない子」を略して「**みてこ**」と呼ばれるわけです。「新しく入ったあの子って、『みてこ』じゃないの？　しっかり確認してよ」といった具合です。

未成年立入禁止の店では、客についても使うことがあり、「あそこのグループ、『みてこ』が交じってない？」という言い方をします。

ショッカー

覆面調査員

昭和の時代にテレビで育った人にとって、「**ショッカー**」といえば、『仮面ライダー』の敵役《かたきやく》の名前としてピンと来ることでしょう。

世界征服を企む秘密組織のもと、正体不明の怪人たちが毎回登場して、仮面ライダーと死闘を繰り返していました。もっとも、その悪役ぶりが懐かしいということか、近年はテレビCMにも登場するようになっています。

飲食店では、この「ショッカー」は覆面調査員を表す言葉として使われています。覆面調査員とは、身分を隠して一般客を装い、接客態度、料理の内容、清潔度などを厳しくチェックする人のこと。調査会社、グルメ本制作会社、グループ企業の親会社をはじめ、さまざまな組織から派遣される調査員は、店にとって、まさに正体不明の怪人といってよいでしょう。

　世間の人が考える覆面調査員というと、マンガやドラマに登場する食通の中高年男性が思い浮かぶかもしれません。しかし、実際にはショッカーのイメージから縁遠い、若くて明るい女性の覆面調査員もいるので油断は大敵です。

　そもそも、最近ではネットの口コミに投稿する人が増えているので、ある意味ショッカーだらけと考えたほうがいいのではないでしょうか。

　とはいえ、ショッカーだからといって接客態度や料理を変えるようでは本末転倒。どんな客にも平等に接するのが原点でなくてはいけませんよね。

　この言葉は、仮面ライダーではなく、英語の「ミステリーショッパー」に由来するという説もあります。もしかすると、ミステリーショッパーという英語に、ショッカーの覆面のイメージが合体してできたのかもしれません。

チェリーピッカー

クーポンや特売品ばかりを狙う客

直訳すると「さくらんぼを摘む人」という意味なので、優雅なイメージを想像するかもしれません。しかし、英語圏では「おいしいところだけを取っていく人」という、あまりよくない意味で使われています。

これが飲食店の隠語となり、クーポンばかり使ったり、特別料金の安いメニューだけを飲食する客を指すようになりました。

店としては、クーポンを発行することで、ついでにほかのメニューや酒類も注文してくれたり、セールを来店のきっかけにしてリピーターになってくれたりすることを期待するのですが、それをしてくれないのが「**チェリーピッカー**」です。

飲食店に限らず、小売業界で広く使われている言葉で、バーゲンのときばかり来店する「バーゲンハンター」も、似たような意味で使われています。

もちろん、客としてはルールに違反しているわけではないので、文句をつけられる筋合いはありません。とはいえ、店の思惑通りにいかないとなると、客へのサービス戦略を考え直さなくてはならなくなり、最終的には店も客も損をする結果になりかねません。

最近では、安易な値引きクーポンを発行したり特売セールをしたりするのではなく、ポイントやキャッシュバックを利用したクーポン発行が増えていますが、その背景にはこうした店側の苦労があるようです。

コラム

食通だけが知っている⁉　数字の符丁

飲食店のなかでもすし屋では、**シャリ**（ご飯、すし飯）、**ガリ**（酢に漬けた生姜《しょうが》）、**ムラサキ**（醤油《しょうゆ》）、**ギョク**（玉子）など、さまざまな隠語が使われています。

とくに印象的なのは、数字を示す符丁でしょう。食事が終わって会計の段になると、板前さんが会計担当の人に向かって、「ゲタ」や「ダリ」などといった不思議な言葉を投げかけているのを聞いたことがあるでしょう。あれは、客に知られることなく数字（金額）を伝えているのです。

店によって多少の違いはありますが、1〜10については主に次のような符丁が使われています。カッコ内に示した由来については異説があるものもあります。

1. **ピン**（ポルトガル語で「点」を示す言葉が語源）
2. **リャン**（中国語で2を意味する「両」の中国語読み）
3. **ゲタ**（下駄の鼻緒《はなお》を止める穴が3つあるため）
4. **ダリ**（トルコ語で4を表す言葉）
5. **メノジ**（「目」の漢字が5画であるため）
6. **ロンジ**（「6の字」がなまったもの）
7. **セイナン**（「西南」は時計の文字盤で7時の方角にあるから）
8. **バンド**（「鉢《はち》巻き」とのかけ言葉）
9. **キワ**（2桁になる前の1桁の際《きわ》の数字だから）
10. **ピンコロ**（ピンの右にコロッとした○がついているから）

例えば「セイナンキワ」というと、7900円というわけです。この符丁は、注文の品数を伝えるときにも使われます。「ギョクリャン」といえば、玉子焼きを2人前という意味になります。

数字や金額を示す符丁は、ほかにも大工、呉服屋、質屋、露天商など、それぞれ業界独特のものがありますが、今も広く伝わって一般の人の耳にする機会が最も多いのは、すし屋の符丁といってよいでしょう。

2章

〝中の人〟だけに通じる、あの業界の日本語

警察が使う「こんにゃく」「レンガ」「座布団」って?

ごはち

お得意様

百貨店業界には、昔から多くの隠語が使われています。その一つの理由として、歴史が古い業界だということがあるのでしょう。もう一つの理由としては、店員がお客さんの目にさらされながら働いているために、客に悟られないように店員同士が情報交換をしなくてはならず、そこで隠語が発達したと考えられます。

同じことがらを指すのでも、百貨店によって言い方が違うことも珍しくありません。いわば隠語の方言です。

例えば「**ごはち**」というのは、高島屋で「お得意様」を指す言葉として使われてきました。

なぜ「ごはち」がお得意様なのかというと、「5×8＝40」になるため、「始終

（しじゅう）」来てくれるお客さんというわけです。40と始終をかけたシャレですね。

ベテラン店員が新人に対して、「あの方は、ごはち様だから粗相《そそう》のないようにね」と使われてきたのでしょう。

もっとも、百貨店にとって本当のビッグなお得意様は、あまり店を訪れることはありません。外商（営業）の社員が、客の自宅（たぶん大きなお屋敷か邸宅）を訪問して、御用聞きのように商品を売買するのが、最大のお得意様です。もちろん、使うお金も庶民とは2桁も3桁も違ってきます。

川中さん

万引犯

百貨店では、万引きや置き引きなどもよく発生します。いち早く担当者を現場に急行させるために、以前は館内放送で伝えるしかありませんでした。

かといって、「万引きがありました」と放送するわけにはいきません。そこで隠語の出番です。

百貨店によってさまざまですが、「**7番さん**」というのもその一つ。7の字がスリや盗みを示す指のサインに似ているからという説があります。

「**川中さん**」という仮の人名を使う百貨店もありました（「かわなか→買わなかった」から来ているとも）。「川中さん、いらっしゃいましたら、○○売場までおいでください」という放送があったら、その売場で万引き発生という意味です。

館《やかた》

店舗が入るショッピングモールや百貨店

近年、商店街の個人商店は減る一方ですが、逆に増えているのがショッピングモールや百貨店、駅ビルなどで営業する店舗です。そうした場所を借りて営業する店のことを「テナント」と呼ぶのは知られていますが、では、貸している側を何と呼べばよいのでしょうか。

「デベロッパー」や「ショッピングモール」がそれにあたりますが、ちょっと長ったらしいですね。「大家《おおや》（さん）」でもいいのですが、なんだかアパートみたい。

そこで、自分たちの施設を呼ぶときに使われるのが「**館**」。ちょっと時代がかった呼び名のようですが、館にはもともと「大きな建物」「公共の建物」という意味があるので理にかなっています。

エンド

レジ横の陳列棚

スーパーやコンビニでは、商品の種類や客の動線を考えて、どうすれば最も効果的な陳列になるか、担当者が試行錯誤を重ねています。

客の目につきやすいのは、長い商品棚の端に置かれた台や棚でしょう。端にあるために「**エンド**」と呼ばれて、目玉商品や売れ筋商品が置かれています。

エンドのうち、レジ側が「フロントエンド」、レジの反対側を「バックエンド」、そしてレジのすぐそばにあるものを「レジエンド」といいます。レジエンドには電池、飴、マスクなど、あまり高額ではなく、ストックしておきたい商品を置いて、客の衝動買いを期待するのです。

面陳《めんちん》

書店の書棚に表紙を見せて陳列すること

ネット通販の普及で書店の数が減っているのは残念ですが、書店めぐりは楽しいものです。買う本を決めてから書店に行くこともありますが、とくに目的の本があるわけでなく、ふらりと書店に入ることも多いでしょう。そんなとき、「あっ、こんな本がある！」と手に取って、思わず衝動買いをすることもよくあります。

書店の売れ行きは、本の配置や見せ方にかかっています。書店の担当者は、そんな配置や見せ方に、日夜頭を悩ませているのです。

書店の本の陳列の仕方には、大きく分けて次の3つの方法があります。

最も多いのが背表紙を見せて書棚に収容する方法。これを「**棚差し**」または

「**背差し**」と呼びます。狭い空間で多くの本が収納できますが、引き出さないと表紙は見えません。

逆に、表紙が見えるように、低い台（平台）の上に同じ本を何冊も積み上げていくのが「**平積み**」です。新刊や話題の本などが、書店の入口付近にどっさりと積み上げられているのを見たことがあるでしょう。大きな売上が期待できる本は、この方法で陳列します。とくに平台の手前の角が特等席で、一番目立つ場所です。

もう一つの陳列方法が「**面陳**」または「**面陳列**」というもの。棚差しと同じく書棚に収納するのですが、棚差しと違うのは、表紙が見えるように陳列する点です。客の目の高さに面陳すれば効果は抜群。平積みほどの冊数は収納できませんが、やはり売れ筋の本を見てもらいたいときに使います。

陳列の方法次第では、本の売れ行きも変わってきます。ですから、各出版社の営業の人たちは少しでもいい場所を確保しようと、書店の担当者を巻き込んで、仁義なき戦いを繰り広げているという噂です。

カラ電

電話をかけているフリをすること

不動産業界は、同業者や客との駆け引きがあるので、相手に悟られないように使う言葉がいろいろとあります。あたかも電話をしているフリをする「**カラ電**」もそんな駆け引きの一つ。例えば、ある物件の入居・購入をためらっている客の前で、その物件に興味を持っている人から電話があったように見せかけることで、目の前の相手に決断を促すわけです。

不動産業界以外でも、待ち構える取材陣の質問に答えたくないときに、カラ電を使う有名人は時折見かけます。もっとも、あとになって「球場のあのあたりは電波が入らないはずなんだよね」と書かれてしまった野球選手もいましたっけ。

天ぷら

外見と中身が異なること

すしとともに和食の代表ともいえる「**天ぷら**」は、今では外国人観光客にも人気のメニューの一つです。そんな天ぷらは隠語の世界でも大人気。さまざまな業界で使われています。

人気の秘密は、天ぷらの外見と中身が違っていること。衣に包まれていて、中身の本当の姿がわからないために、外見と実態が違っているという比喩にぴったりなのでしょう。

警察では、ほかの車や廃車から流用した違法ナンバープレートのことを、「天ぷら」といいます。本来のナンバーを隠して、別のナンバーを掲げていることから、そう呼ばれるわけです。

中古車業界では、走行距離計を操作して実際の距離よりも少なく見せることを「天ぷら」と呼んでいます。もちろん、これも犯罪行為であることは言うまでもありません。

タクシー業界では、3、4人の客が乗ったのに短距離で降りてしまうことを「天ぷら」と呼んでいます。駅前で長時間待ったのにそれはないよ、といいたいところでしょう。もっとも、街中《まちなか》の流しならばかえって効率がいいという考え方もあるようで、必ずしも悪い意味だけで使われているわけではないようです。

「天ぷら学生」という言葉は、今ではほとんど死語ですが、在籍していない大学の授業を無断で受ける、いわゆる「ニセ学生」を指していました。大学の制服を着て学生になりすますためにそう呼ばれたのですが、服装が自由になった現在では、語源がわからなくなってしまいました。

また、不動産業界のようにノルマの厳しい業界では、解約を前提として結ばれる契約や架空の契約のことを「天ぷら」とよくいいます。「天ぷら契約」を重ねて、まずはノルマを達成。あとでこっそり解約するわけです。

神立《かみだ》ち

タクシー乗り場に客が並んでいる状態

タクシー業界には多くの隠語があります。というのも、車内では運転手と客との密室状態ですから、会社や同僚との無線のやりとりで、客に聞いてほしくない話題もあるはず。そんなときに隠語が重宝するわけです。

「**神立ち**」を「かんだち」と読むと、古語で雷や夕立のことを意味しますが、タクシー業界で「かみだち」というと、乗客が乗り場に並んでタクシー待ちをしている様子を指します。

「お客様は神様です」という言葉がありますが、まさに神様が立ったままタクシーの到着を待ちかねているように感じられるのでしょう。

お化け

タクシーの遠距離利用者

「『今度』と『**お化け**』は出たことがない」という言葉があります。「今度ごちそうするから」「今度いい仕事をまわしますね」といわれても、まず実現しないから期待するな、という皮肉ですが、それと同様に「お化け」も実際にはまず出ないということを意味しています。

しかし、タクシー業界ではまれに「お化け」が出るのだそうです。といっても、夜道やトンネルで幽霊が出るという怪談ではありません。めったに出会うことのない上客という意味で、意外な時間帯に意外な場所から遠距離まで利用する客を指します。確かに、なかなか出会うことができない喜ばしい客なのでしょう。

ネギ

客からの苦情

隠語には、ダジャレや言葉遊びも少なくありません。タクシー業界にもそうしたダジャレがあって、その代表が「**ネギ**」。客からのクレームを意味するもので、京都でとれる有名な九条《くじょう》ネギの「九条」に「苦情」をかけた言葉です。

タクシーに対する苦情を述べたいときは、タクシー会社かタクシーセンターに連絡するのがいいでしょう。タクシーに乗ったことを証明するために、領収書をもらう癖をつけておくことが大切です。

もう一つ、ダジャレの隠語として「**ワカメ**」というのもあります。これは「回送」という意味。理由はもちろんおわかりになるでしょう。

大きな忘れ物

逃走中の犯罪者

タクシーに乗っていて、こんな無線を耳にしたことがあるでしょうか。

「本日午後2時頃、東京駅八重洲口付近でお客様が**大きな忘れ物**をされました。40代くらいの男性のお客様で、大柄で黒縁のメガネをかけて……」

実は、「大きな忘れ物」とは犯罪者を意味する隠語であり、警察がタクシー会社を通じて、事件発生場所や犯人の特徴などを運転手に伝えているのです。警察にとって、広域を走りまわるタクシーは重要な情報源。また、万一タクシーにその犯罪者が乗っていたら大変です。運転手に注意を促して、安全を確保することも目的としています。

レモン

外観はよいが状態が悪い中古車

中古車の取扱店で「あの車は**レモン**だよ」という言葉を耳にしたら要注意。さわやかな車かと思うと大間違いです。

レモンという果物は皮が厚いために、中身が腐りかけていても、外見はしっかりしていることがよくあります。そんなところから、外観はよいけれども状態が悪い中古車を指す言葉として、以前はよく使われていたようです。

ところで、車に限らず中古品を「**セコハン**」と呼びますが、これは英語のSecond Handを縮めた和製英語。昔はセコハンというと状態が悪い品を指していましたが、現在は状態にかかわらず中古品を示す言葉として広く使われています。

タヌキ

素泊まりの客

旅館で仲居のアルバイトをはじめたばかりの人が、フロントから「○○部屋のお客様は『**タヌキ**』だからね」といわれたらさぞ驚くことでしょう。俗に、人をタヌキにたとえるときは、「腹黒い人」「人がよさそうに見えて、本当はずるがしこい人」を指すのが一般的です。しかし、この場合のタヌキはそうではありません。

夕食抜きの客、つまり素泊まりのお客さんを「タヌキ」というのです。なんだか失礼に思えるかもしれませんが、これは漢字の「夕」をカタカナの「タ」に置き換えて、「夕食抜き」→「夕抜き」→「タヌキ」と呼んでいるのです。

都会のビジネスホテルとは違って、観光地の旅館では夕食付きのケースが大半です。そこで、夕食抜きの客は例外的な存在として、はっきりと従業員に伝えておく必要があるのです。

なにしろ、夕方近くの旅館というと、到着客の出迎えや食事の準備で旅館中がてんてこまいの状態です。悠長に話をしている余裕はありません。そこで、端的で、しかも印象的な「タヌキ」という符丁を使って、素泊まりの客を区別できるようにしたのだと考えられます。

また、「**お供え**」という言い方もあります。これは、男女ペアの宿泊客を指しています。神棚へのお供えは、いつも2つで対《つい》になっていることに由来しています。これも、備品や食事の用意を間違えないようにする工夫でしょう。

ネコ、ウマ、モグラ

手押し車、作業台、穴掘りスコップ

建設現場でも多くの隠語が使われています。なかでも、動物の名前を用いたものが多いのが興味深いところです。そのいくつかを紹介しましょう。

「**ネコ**」は、土砂などを運ぶ手押しの「一輪車」のこと。単に「ネコ」とも「ネコ車」とも呼ばれます。その由来は、引っくり返すとネコが丸くなっている姿に似ているからとか、建設現場に渡す足場の通称「ネコ足場」の上を通れるからなどといわれています。

現場には「**ウマ**」もいます。これは、木材や鉄筋を載せる脚立《きゃたつ》や、大工さんが使う作業台を指します。足が4本あって、上に人や物を載せることからそう呼ばれているのでしょう。一般の人でも見当がつきそうなのは「**モグラ**」でしょうか。

「穴掘りスコップ」のことです。

ちょっと怖そうなのは「**トラ**」ですが、これは黒と黄色が縞《しま》になった標識（トラロープ）のこと。トラの体毛色にたとえてそう呼んでいます。黒と黄色の縞模様は警戒色と呼ばれており、建設現場に限らず、危険を知らせたり注意を喚起したりする場面で用いられます。

犬は、「**犬走り**」という用語で使われています。建物の周囲につくられた点検用などの狭い通路のことで、犬のような小さな動物しか通れないというのが由来のようです。

哺乳類だけではありません。「**タコ**」は、土や砂利《じゃり》を人力で突き固める道具のこと。2本ないし4本の柄がついている姿が、タコに似ているためにそう呼ばれています。

「**カラス**」は、配管工事に使われるプライヤーと呼ばれる道具をいいます。つかむものに合わせて開口部の長さを調節できるのが特徴で、横から見ると、その開口部がカラスのくちばしに似ています。

げそ痕《こん》

犯人の足跡

テレビの刑事ものですっかり有名になった言葉です。それじゃ隠語の意味がないといわれそうですが、一般に知られても捜査に支障はなさそうですから、問題はないでしょう。犯人が履いている靴裏と「**げそ痕**」が一致すると、「げそが一致した」といって捜査は進展します。

地面を踏んだ靴裏の跡だけでなく、現在では畳や絨毯《じゅうたん》からも「げそ痕」が採取できるようになりました。靴下や裸足《はだし》であっても「げそ痕」として、指紋と同様に犯人の侵入・逃走経路や人数などを知る重要な手がかりとなります。

「げそ」は「下足《げそく》」に由来する言葉で、もともと寄席《よせ》や銭湯などの履物を脱いで入る場所において、「脱いだ履物」を指す言葉として使われてきました。脱いだ履物を管理する人を「下足番」といい、履物を収納した場所を示す札は「下足札」と呼ばれ、今でも使われています。

「げそ」は、足そのものを指すときもあります。典型的な例が、すしネタの「イカゲソ」でしょう。単に「ゲソ」というだけでも、イカの足を指すのが一般的です。

警察用語に戻りますが、「げそがつく」というと、これは「犯行の足がつく」「足取りをつかむ」という意味になります。つまり、犯罪の逃走経路や現在の居場所が判明したり、動かぬ証拠が見つかったりしたときに使われます。

一方、「げそを履く」というと、犯人が逃げ延びることを意味します。捕まるまでは、その靴を履いていられるという意味なのかもしれません。

逃げた犯人を追うのが重要な仕事である警察では、足に関する隠語がほかにもあります。「**前足**《まえあし》」と「**後足**《あとあし》」がそれで、「前足」は犯人が事件現場に来るまでの足取り、「後足」は事件後の逃走経路をいいます。

うたう

犯人が自白すること

刑事ドラマを見ていると、容疑者（犯人）が罪を認めて自白することを「**吐く**」「**ゲロる**」「**落ちる**」と表現する場面を目にしますが、「**うたう**」もその一つ。吐くや落ちるにくらべると、「うたう」という語感からか、捜査官に対して朗々と供述しているように聞こえます。

しかし、「うたう」の由来は「歌う」ではなく、打たれる、転向するともいわれており、単に自白するだけでなく、仲間や身内の悪事まで余計なことをしゃべるニュアンスが含まれているようです。

一方、容疑者が激しく抵抗することを「**踊る**」といいます。暴れる様子をたとえたのでしょう。

こんにゃく、レンガ、座布団

100万円、1000万円、1億円

キャンディーズの『春一番』や子門真人《しもんまさと》の『およげ！たいやきくん』が大ヒットした1976年、日本中をゆるがす大疑獄《だいぎごく》事件が発覚しました。日米両国を巻き込んで怪しい政治家やフィクサーが登場し、田中角栄《たなかかくえい》元首相が逮捕されたロッキード事件です。

その事件の全容が明るみに出ていく過程で流行語になったのが、国会の証人喚問で連発された「記憶にございません」と、現金のやりとりを表す「ピーナツ」でした。

商社からロッキード社に渡された領収書に、「ピーナツ100個」などと記されていることを検察が発見。捜査を進めていった結果、ピーナツ1個が100万円を意味することが判明したのです。

時はくだり、現在では「**こんにゃく**」1枚が100万円を表す隠語として、政界や警察・検察で使われているとのこと。なぜかといえば、100万円の札束の大きさや厚みが、板こんにゃくに似ているからだそうです。また、板こんにゃくの端を手に持って振ると、ゆらゆらと揺れる様が札束に似ていることも、そう呼ばれる由来だといいます。

さらに、1000万円は「**レンガ**」。手に持ったことがないのでよくわかりませんが、100万円の札束を10個重ねると、ちょうどレンガ1個くらいの大きさになるそうです。こうなると、板こんにゃくとは違って、揺れることもないでしょう。かなりの硬さになるはずです。

硬いといっても、レンガほどの硬さではないでしょうから、凶器にはならないと思います。そんなレンガならば投げつけられてみたいものです。

さらに、1億円は「**座布団**」と呼ばれているそうです。ここまで来ると想像がつきませんが、やはり座布団くらいの大きさなのでしょう。

弁当

執行猶予

警察関係の隠語には興味深いものが多いのですが、なかでも傑作なのは「**弁当**」でしょう。

これは執行猶予を意味する言葉で、執行猶予中の人を「弁当持ち」、執行猶予中に罪を犯して執行猶予が取り消されることを「弁当を食べる」、執行猶予が満了して晴れて刑の執行が免除されることを「弁当を切る」と表現します。

その由来については定かではありませんが、常に身辺についてまわるものであると同時に、別の罪を犯すとなくなってしまうことを、食べるとなくなってしまう弁当にたとえているのだろうという説があります。

「弁当」を食べてしまうと、言い渡された刑が執行されて刑務所に収容されてしまいますが、その刑務所のことは「**別荘**」「**実家**」などと呼ばれています。居心地が悪いはずの刑務所を、あえてそう呼ぶところに皮肉が利いています。そんな別荘にはなるべくならば行きたくないものです。

さて、執行猶予の期間、新たな罪を犯さずに「弁当を切る」ことができると、言い渡された刑は執行されずに済みます。

しかし、残念ながら「前科」は消えません。この前科のことを「**マエ**」と呼びます。ドラマでも、「あいつはマエがあるからな」と刑事が語るのを聞いたことがあるでしょう。

前科は検察庁のコンピュータに入力されますが、厳重に管理されていて外部に漏れることはありません。また、戸籍や住民票に記されるわけでもありません。しかし、事件の報道があると、過去のニュース記事を検索したり、昔のことを記憶している人の発言があったりすることで、前科のあることが知れてしまう可能性があるのです。

ごんべん、さんずい

汚職事件、詐欺事件

警察では大小さまざまな分野の事件や犯罪を扱います。そんな事件のいろいろを、漢字の部首を使って手短に伝える言葉があります。

例えば、「**ごんべん**」は詐欺事件の「詐」の部首に由来しています。同様に「**さんずい**」は汚職事件、「**にんべん**」は偽造事件、「**ゆみへん**」は強盗事件、「**うかんむり**」は窃盗《せっとう》事件を指します。「窃」は正確には「あなかんむり」ですが、お互いに通じればいいのです。

国税局や税務署でも同じような隠語が使われていて、「ごんべん」は国税局の、「さんずい」は法人税の調査部を指しています。

おまつり

確定申告

国税局の隠語というと、映画『マルサの女』で国税局査察部を指す「**マルサ**」が一躍有名になりました。

もっとも、有名になりすぎて隠語の意味がなくなり、今では使われていないとのこと。東京国税局では査察部が旧庁舎の6階にあったことから、移転後の現在も「**ロッカイ**」と呼ばれています。

私たち一般人が税務署と深く関わるのは、年に1回の確定申告でしょう。税務署にとっては多忙の極みの時期であることから、「**おまつり**」と呼ばれてきました。そのほかに、税金関係では、所得税は「**トコロ**」、消費税は「**ケシ**」と呼ばれています。

エッセン

食事休憩

医学や薬学関係の外来語は、英語ではなくドイツ語由来のものが数多くあります。ですから、日本語ではエナジーではなくエネルギー、バイタミンではなくビタミン、アレルジーではなくアレルギーと呼んでいるわけです。

医療系の隠語にも、ドイツ語がよく使われます。例えば「**エッセン**に行ってきます」というのもその一つ。どこかヨーロッパに旅行に行くわけではなくて、食事休憩をとることを表しています。

「エッセン」はドイツ語で「食べる」という動詞。転じて病院関係者、とくに看護師の間で食事を示す言葉として使われるようになりました。

コラム

「トイレ」といわずにトイレ休憩に行く方法

客に面と向かって仕事をする小売店や病院などでは、トイレに行くのにも気を使います。堂々と「トイレに行ってきます！」というものなら、「いい気分で買い物をしているのに！」「トイレから出てきたばかりの手で触診するのか！」とクレームが殺到しそうです。

そこで、客や患者に気づかれないように「トイレに行く」ことを示す隠語が使われているのですが、業種や店舗によってさまざまなバリエーションがあるのは、当然とはいえ興味深いところです。

ポピュラーなのは、「〇番に行ってきます」というもの。番号は0番だったり、2番、3番、10番だったりとさまざま。ある病院の診療科では、1番から4番までの診療室があって、トイレに行くときには「5番に行ってきます」というのだとか。もっとも、診療室が4つしかないことを知っている患者さんが聞いたら、「あれっ？　どこに行くんだろう」と不審に思うかもしれませんね。

ある小売店では、1番が食事休憩、2番がトイレ、3番が短時間の休憩と定められていました。

かつての三越百貨店（現・三越伊勢丹）では「**遠方**」がトイレの隠語で、「遠方に行ってきます」といっていたと聞きました。客が耳にしたら、どこか遠くに行ってしまうように聞こえそうです。

百貨店では、そのほかに、「**奥**」「**さんさん**」「**つきあたり**」など、店によってトイレを示すさまざまな隠語が使われてきました。

最近では、百貨店の合併によって、お互いの隠語を洗い出して統一する作業も行われているとか。のんびりと買い物をしている客の知らないところで、店員さんは苦労しているのかもしれませんね。

3章

「タコ」はもともと「イカ」だった！ ひそかに楽しむために編み出された日本語

もみじ、ぼたん、さくら

鹿肉、猪肉、馬肉

「日本では江戸時代まで肉食が禁止されてきたために、日本人は肉をほとんど食べなかった」とよくいわれますが、そんなことはありません。家畜を飼育して食べることこそありませんでしたが、狩猟でとられた野生の獣肉はそこそこ流通していました。

江戸時代を舞台にした落語でも、肉鍋が登場するネタがいくつもありますし、体調が悪い人や病人に「精をつけるため」「薬食い」と称して肉を食べさせることが行われてきました。

とはいえ、仏教では殺生や肉食を禁じていたために、一般の人も獣肉を食べることに後ろめたさを感じていたのでしょう。そこで、鹿肉を「**もみじ**」、猪肉を

「ぼたん」、馬肉を「さくら」と植物の名前で呼ぶことで、やましさを解消したのです。

鹿肉が「もみじ」と呼ばれた由来は、『古今和歌集』にある「奥山に紅葉《もみじ》踏み分け鳴く鹿の声聞く時ぞ秋は悲しき」の歌だといわれています。猿丸太夫《さるまるだゆう》の作として百人一首にも収められているため、「鹿といえばもみじ」と広く認識されていたのでしょう。花札の10点札にも「もみじに鹿」が描かれており、鹿ともみじは切っても切れない関係として定着したのです。

猪肉が「ぼたん」である理由は定かではありませんが、肉の色が濃い赤であることがぼたんの花を連想させるとか、肉を皿に並べた様子がぼたんの花に似ているという説があります。猪肉は「山くじら」とも呼ばれていますが、これは「くじらは魚だから食べてもいいんだ」という理屈からでした。

馬肉が「さくら」である理由は、肉の色が桜のようなピンク色だとよくいわれていますが、これも定かではありません。桜の季節の馬肉は脂が乗っておいしいからという説もあります。

ももんじ屋

獣肉の料理店

江戸時代にも獣肉が食べられていたことは、各地に肉を提供する「**ももんじ屋**」と呼ばれる料理店があったことからもわかります。語源については、さまざまな肉を扱うことから「百獣（ももじゅう）」と呼ばれたという説があります。

江戸の近郊において捕獲された猪、鹿、熊、狐、狼などが江戸に運ばれて食材にされていたとのことで、東京の麹町周辺には数多くの「ももんじ屋」があったそうです。

現在の東京では、隅田川に架かる両国橋の墨田区側に「もゝんじや」がありま す。くれぐれも、もんじゃ焼き屋と間違えないように。

鉄砲

フグ、劇場の予備席

「ふぐは食いたし命は惜しし」という言葉があります。おいしいふぐは食べたいけれど、毒にあたるのが怖いという意味です。種類によって違いますが、フグは内臓や皮などにテトロドトキシンという強烈な神経毒を持っており、誤って毒のある部分を食べてしまうと、まるで鉄砲に打たれたように命を落とすことから、フグのことを「**鉄砲**」と呼ぶといわれています。一説には、「たまに（ときどき）あたる」ことから、「弾にあたる」と引っかけて鉄砲と呼ばれたのだともいいます。

フグ食は縄文時代からあったそうですが、豊臣秀吉の部下にフグの中毒死が多発したために、秀吉が武家に対してフグ食禁止令を出しています。もっとも、庶民は「**鉄砲**」あるいは「**テツ**」と呼び換えて、中毒覚悟でフグを食べ続けていたのだとか。

関西では、フグの刺身を「**てっさ**」と呼びますが、これは「鉄砲の刺身」を略したもの。「**てっちり**」は「鉄砲のちり鍋」を略したものです。

フグ食が解禁になったのは、明治時代半ばに伊藤博文《いとうひろぶみ》が下関を訪問したときのこと。割烹《かっぽう》旅館がフグを御前に出したことがきっかけです。伊藤博文がその味に感動して、フグ食の解禁を働きかけたとされています。よく知られていることですが、下関ではフグではなく、福に通じる「**フク**」と呼んでいます。これも一種の隠語といってよいでしょう。

一方、劇場で「**鉄砲**（**席**）」というと、手違いでチケットが重複したときに備えて確保してある「予備の席」を指します。もともとは、舞台が見やすく出入りしやすい上等な席のことで、「鉄砲を撃つのに適した席」という意味だったという説もあります。「自分の席がないじゃないか！」といらだっている人をなだめるには、上等な席を用意しておく必要があるからかもしれません。

たこあげ

もともとは「いかのぼり」「いかあげ」

正月の風物詩の一つ「**たこあげ**」。実は、江戸時代初期まで「いかのぼり」または「いかあげ」と呼ばれていました。足をつけた様子がイカに似ていたことから、その名がつきました。ところが、このいかのぼりに大人たちが熱中して事故が頻発。幕府は「これはイカん」と「いかのぼり禁止」のお触れを出しました。

しかし、それでへこたれないのが当時の庶民。「イカがダメでも、タコならいいだろう」と、「たこあげ」と称して遊び続けたというのです。幕府としても庶民のガス抜きとして暗黙の了解を与えたのでしょう。以来、「たこあげ」として現在に至っているというわけです。

水鳥《すいちょう》

酒

仏教には、在家の信者が守るべき五戒《ごかい》として、「不殺生《ふせっしょう》・不偸盗《ふちゅうとう》・不邪淫《ふじゃいん》・不《ふ》妄語《もうご》・不飲酒《ふおんじゅ》」が定められています。在家信者が守る戒めですから、ましてや出家したお坊さんが酒を飲むなんて、本来ならばとんでもないことです。とくに禅宗のお寺では厳しい戒律が守られていましたが、日本で開かれた宗派では比較的鷹揚《おうよう》に受け止められていました。

真言宗の開祖である空海（弘法大師）も、「塩酒《おんしゅ》一杯これを許す」と述べています。寒いときには体を温めて風邪を引かないようにするために、塩を肴《さかな》に多少の酒を薬として飲むことは悪くないという考えでした。

とはいえ、お釈迦《しゃか》様が禁じた酒をおおっぴらに飲むのは、お坊さんとしては気が引けます。そこで、「酒」とはいわずに別の名前で呼んで、後ろめたさを隠そうとしたのです。

「**水鳥**」もその一つ。これは、「酒」という漢字が、水を示す「氵（さんずい）」と鳥を意味する「酉」で構成されていることに由来しています。さすが、教養を感じさせるインテリっぽい隠語ですよね。

もう一つ有名なのは「**般若湯**《はんにゃとう》」です。落語や歌舞伎の演目のなかで、高僧がこっそり酒を飲む場面によく登場します。

「般若」というと、鬼のような顔をしたお面を思い浮かべがちですが、本来は仏教用語で「智慧《ちえ》」を意味する言葉でした。これは、世の中の真理を知ることを指し、極めて高尚な意味を含む言葉です。「◯◯湯」というのは「葛根湯《かっこんとう》」といわれるように、煎じ薬のことですから、「般若湯」は「智慧に満ちた煎じ薬」という意味になり、これ以上ない優れた飲み物という印象を与えます。

「仕事帰りに般若湯を一杯どう？」というのも粋かもしれませんね。

踊り子、山の芋

どじょう、鰻《うなぎ》

仏教の「不殺生」の戒めに基づいて、お坊さんは肉や魚を食べてはいけないことになっています。ただ、獣肉はともかく、魚は貴重なタンパク源として、昔からこっそりと食べられていたようです。

「**踊り子**」と呼ばれていたのは、どじょうのこと。勢いよく跳ね動いている様子を指しているのでしょう。

「**山の芋**」がなぜ鰻《うなぎ》なのかは、わかりにくいかもしれません。これは、「山の芋が鰻になる」という言葉に由来しています。現在ではあまり使われませんが、「ありえないことが起きる」という意味のことわざです。なかなかひねりが利いている隠語といえるでしょう。

天蓋《てんがい》

タコ

「**天蓋**」とは、仏像の上や住職が座る場所を覆っている笠《かさ》状の仏具のこと。仏教が生まれたインドでは日射しが強いことから、貴人が使用人にかざしてもらった笠がその原型だといわれてます。

その天蓋と、そこから何本も下がっている瓔珞《ようらく》という飾りがタコの頭と足に似ていることから、タコの隠語となっているのです。

江戸時代の川柳を集めた『柳多留《やなぎだる》』には、「天蓋を酢にしてくれと和尚言ひ」をはじめ、タコを食べるお坊さんをからかった句がいくつも収められています。

そのほか、タコを指す隠語には「**千手観音**」というのもあります。

赤豆腐、大僧正、伏鉦《ふせがね》

マグロの刺身、イワシ、アワビ

海に囲まれた日本の国では、仏道の修行を極めたはずの高僧といえども、海の幸の誘惑には勝てなかったのでしょう。

「**赤豆腐**」とはマグロの刺身のこと。これは薄切りではなくて、ブツ切りかもしれませんね。確かに、豆腐を赤くしたような形をしています。

「**大僧正**」はイワシのこと。大衆魚なのになぜ大僧正にたとえているのかといえば、大僧正が身にまとう紫の衣が、イワシの色に似ていることから来ています。

「**伏鉦**」は、念仏を唱えるときに床に置いてチーンと鳴らす鉦《かね》のこと。その形から、アワビの隠語となっています。

御所車《ごしょぐるま》

鶏卵

江戸時代まで、鶏肉や鶏卵は貴重なもので、よほどの身分の人しか口にできませんでした。しかし、卵が栄養豊富であることはお坊さんも知っていたのでしょう。「殺生戒《せっしょうかい》」に反するとわかっていても、口にしたくなったのに違いありません。卵を表す隠語はいくつかあります。

「**白茄子**《しろなす》」は、その形に由来していることはおわかりでしょう。

「**遠眼鏡**《とおめがね》」は、新鮮かどうか確かめるために透かして見る様子を、遠眼鏡、つまり望遠鏡を覗く姿にたとえています。

おもしろいのは「**御所車**」です。なかに「君が乗っている＝黄身が入っている」というシャレなのです。

コラム

さまざまな業界にいる「坊主」たち

さまざまな業界で使われる〝人気の隠語〟の一つに「坊主」があります。現代ではお坊さんに対して「坊主」なんて言葉を使うと怒られそうですが、隠語としては脈々として生きています。

お坊さんの特徴といえば、すぐに思いつくのが、つるつるの頭。煩悩から逃れるために頭髪を剃《そ》っているわけですが、そこから「毛が1本もない」→「ゼロ」を意味する比喩として広く使われています。

釣り人の世界で、1匹も釣れずに終わることを「坊主」というのは、聞いたことがあるでしょう。

飲食店では、客が1人も来ないことを「坊主」といいます。「参ったね。昨日は坊主だったよ」などと使います。飲食店は水商売というくらいですから、客の入りは天気次第。水が入った日、つまり雨が降るとお客さんが来なくなって儲けにならないという厳しい商売です。クラブなどの接客業でお客さんの指名が1人もないのも、同様に「坊主」といいます。

飲食店で使われる「坊主」は、客が入らないことで「儲けがない」→「もう毛が無い」→「坊主」という連想から生まれたという説もありますが、ちょっと怪しい気がします。なにしろ、「坊主丸儲け」という慣用句もあるくらいですから。

おもしろいところでは、大根おろしの上に生姜を載せたものを、和食の店では「坊主」と呼んでいます。天ぷらのつゆについてくるのでおなじみですが、花札の「坊主」札に似ている（大根おろしが山、生姜が月）ことに由来するという説があります。

意外なところでは、宅配便業界の一部でも「坊主」が使われていると聞きました。これは、伝票がはがれてしまって、発送先も発送元もわからない荷物を指すのだそうです。「困ったな。この荷物、坊主じゃないか」というわけですが、どうしようもありませんね。発送や受託の履歴を追って捜すことになるのでしょうか。荷物を預けるときには、念のために梱包の箱や袋にも連絡先や名前を書いておくと「坊主」を防ぐのに役立つかもしれません。

4章

「ゲン担ぎ」から生まれた日本語

縁起の悪いことは口にしたくない！

あたりめ、あたり鉢

するめ、すりばち

「する」という動詞には、「ギャンブルで有り金を残らずすってしまった」というように、「外れる」「損をする」「なくす」という意味があります。こうした言葉は忌み言葉といわれ、縁起をかつぐ飲食業界や接客業界などの客商売では、あまり口にしたくない言葉です。

おつまみの「するめ」や、ゴマや山芋をする「すり鉢」も、できれば発音したくないと考えるのも無理はありません。

そこで代わりに使われるのが、反対の意味を持つ「あたる」という言葉。居酒屋のメニューで見る「**あたりめ**」は、そうして生まれた言葉であり、実際はするめとまったく同じものです。すり鉢を「**あたり鉢**」、すりこぎを「**あたり木**」というのも同じ理屈です。

「ひげをあたる」というのも同様です。ただし、こちらは「ひげを剃る」がもとの言い方。「そる」がなまって「する」と発音されることがあり、それを避けて「あたる」を使うようになりました。

同じように、寄席の楽屋では「スリッパ」では縁起が悪いといって、「あたりっぱ」と呼んでいるのだとか……落語でよく使われるマクラの一つですが、これは落語家の冗談。

「へえ、噺家《はなしか》さんは、そんなところにも気を使っているのか」と客を感心させたところで、「いや、さすがにそんな呼び方はいたしません」といって、どっと笑わせるという寸法です。

ありの実

梨

忌み言葉は「する」「すり」だけではありません。「なし」「ない」というのも、縁起の悪い言葉として客商売では避けられます。客が入らない、つまり店がはやらないという意味に通じるからです。

それは、果物の「梨」でも同じこと。もっとも、秋の味覚を代表するみずみずしい梨を「名前の縁起が悪いから、お客様には出さない」とまではしません。

そこでどうするかというと、正反対の意味を持つ「あり」に置き換えるわけです。「あり」だけではなんだかわからないので、一般には「**ありの実**」と呼ばれています。

ヨシ

葦《あし》

「難波江《なにゆえ》の葦のかりねのひと夜ゆゑ身をつくしてや恋ひわたるべき」

百人一首に収められた歌の一つで、一夜の契りを結んだ相手が忘れられずに恋い焦がれていると、皇嘉門院別当《こうかもんいんのべっとう》という女性が歌ったものです。

「アシ」は水辺に生える草で、すだれやほうき、屋根材などに古くから使われてきましたが、今の都会ではあまり身近でなくなってきたかもしれません。

漢字では「芦」「蘆」などとも表記され、芦原という地名もあちこちで見られます。おそらく、アシが茂っていたことから、その名前がついたのでしょう。

一方、水辺に生える草として「**ヨシ**」がありますが、「アシ」も「ヨシ」も本来は同じ植物です。

もともとは「アシ」と呼ばれていたのですが、これが「悪し」と同じ発音であるために、「ヨシ」（良し）と言い換えたわけです。「アシ」はすでに江戸時代には「ヨシ」とも呼ばれるようになったために、今では日本中で広く使われており、植物分類学では「ヨシ」が標準の和名になっています。

ですから、この草で編まれたすだれは、「ヨシでできた簾《す》」という意味で、「ヨシズ」と呼ばれています。芦原だった地名も、「吉原」に変わったところが多くあるようです。また、どちらかというと、関東にくらべて関西では「アシ」がよく使われるようです。

ところで、「人間は考える葦である」という有名な言葉があります。17世紀のフランスの思想家パスカルによるとされています。これは、やはり「アシ」でないとしっくりきませんね。単に聞き慣れているからかもしれませんが、「人間は考えるヨシである」では、どこか安っぽい感じがしませんか。

卯の花

おから

豆腐の原料が大豆であることはご存じでしょう。大豆を搾ってミルク状にしたものが豆乳で、豆腐はこれを固めてつくります。

一方、搾ったあとには大豆の皮や繊維が残ります。この搾りかすが「おから」です。豆腐をつくって「空（から）」になったという意味から、こう呼ばれるようになりました。

おからはタンパク質がたっぷりと含まれた栄養食品ですが、残念ながら産業廃棄物として捨てられることが多くあるようです。古くは、貧乏で苦労した人の立身出世伝のなかで、豆腐屋で余ったおからを食べて飢えをしのいだという話を聞いたものです。

さて、この「おから」ですが、「から」という語感が客商売や寄席などでは、客がゼロで空っぽを連想させるとして忌み言葉とされてきました。そこで、いろいろな言い換えがあります。

最も知られているのは「**卯《う》の花《はな》**」でしょう。おからの白い色が、初夏に花を咲かせるウツギの花を連想させることから、ウツギの花の別称である「卯の花」と呼ばれるようになったとされています。でも、白い花ならいくらでもあります。ウツギは漢字で「空木」と書くように、茎が中空であることから「おから」に通じるために、そう呼ばれるようになったという説もあります。

関西や東北地方では、おからのことを「**きらず**」とも呼んでいます。これは切らずに調理できることに由来しており、漢字で「**雪《せっ》花《か》菜《さい》**」と書くこともあります。

また、寄席の世界では、空席を連想させる「おから」を避けて、正反対の「**大入り**」と呼ばれています。これは、おからは炒めて食べることから、「大《おお》炒《い》り」にも引っかけているようです。

波の花

塩

夜になっても明かりがこうこうと輝いてる現代の都会とは違って、電気がなかった昔は、夜になると真っ暗。そんな夜を恐れて、夜に口にしてはいけない忌み言葉がありました。

「塩」もその一つで、発音が「死」に通じるからなど、さまざまな説がありますが、夜になると「塩」といわずに「**波の花**」と呼ぶのが習わしでした。昔は海水を煮詰めて塩をつくっていたことから、このような呼び方が生まれたのです。

現在では、「波の花」というと、海岸に打ち寄せた波が砕け、まるで白い泡のようになって岸辺に押し寄せる現象を指しています。

お開き

終わり、解散

「これをもちまして、**お開き**といたします」とは、結婚披露宴やパーティーの締めに司会者が口にする言葉です。めでたい席では、「終わる」「切れる」「別れる」は禁句。「言葉には魂が込められており、ひとたび口にすると、それが実現する」というのが、日本に古くからある「言霊《ことだま》」の考え方です。

ですから、忌み言葉を使わずに「おひらき」というわけです。この「開く」は、武士が「落ちる」「退《ひ》く」を嫌って使った軍事用語だとされています。

結婚披露宴で「ケーキにナイフを入れる（入刀する）」というのも同様で、「切れる」というのはタブーです。

鏡開き

鏡餅を割る

年末にお供えする鏡餅。新年を神様とともに祝ったのち、多くの地域では11日になると棚から下ろして食べます。それが「**鏡開き**」です。

そのままでは大きいので小さくして食べるのですが、武家では「切る」は切腹を連想させるので御法度《ごはっど》。そこで、木槌や金槌でたたいて割るのが一般的でした。

今ではパックで覆われた鏡餅がありますが、そもそも何日も経っている餅はカチカチに硬くなっているので包丁で切るのは不可能。割るしかありません。

ただし、いやしくも神様にお供えしたものなので、「切る」はもちろん「割る」も忌み言葉として避け、「開く」と呼んでいたわけです。

おかか

鰹節、削り節

「女房言葉」と呼ばれる一連の言葉があります。宮中に使える女官が使いはじめた隠語のようなもので、今では広く使われている言葉も数多くあります。最もポピュラーなのは、語頭に「お」をつけた言葉でしょう。

「**おかか**」は、今では人気のおにぎりの具の一つで、削り節やそれに味をつけたものを指しますが、もともとは削っていない鰹節《かつおぶし》のことを「かか」と呼んでいたことに由来しています。「塩」を「**波の花**」と言い換えるのと同様に、夜の忌み言葉だったといわれています。

「お」をつける女房言葉は枚挙に暇《いとま》がありません。もとの言葉を使って「お」をつけたものには、田楽《でんがく》を「**おでん**」、いくつも数がある副食を「**おかず**」、にぎり飯を「**おにぎり**」といった例があります。こうしたシンプルな例のほか、水を「**お冷や**」、醤油を「**おしたじ**（下地）」、髪を「**おぐし**」、お金を「**おあし**」などと呼ぶように、もとの言葉から離れている女房言葉もあります。

いずれも、「お」をつけるだけで上品に聞こえるので、「これは便利だ」と庶民にも広まったのでしょう。近代になると「おコーヒー」「おビール」なんて呼ぶ人たちも現れました。

尾籠《びろう》な話で恐縮ですが、下半身からガスが排出される「**おなら**」は、「鳴らす」「鳴らし」からきています。宮中の女官たちは、上品に言い換えたつもりなのでしょう。

おみおつけ

味噌汁

今ではあまり聞かなくなりましたが、昭和の時代までは、主に東日本で味噌汁のことを「**おみおつけ**」と呼ぶ人がよくいたものです。

この語源について、丁寧な表現である女房言葉の「お」と、神仏や貴人など相手を尊敬するときに使う「み」が3つも並んで、「お・み・お・つけ」になるのだという説明がよくされてきました。漢字にすると「御御御付け」になるというわけです。

「おみ足」(御御足)、「おみき」(御神酒←御御酒)のように、2つつくものはあっても、3つつくものはほかにありません。「それほど昔の人は味噌汁を大切なものとして扱ってきた」という話なのですが、どうやらそれは少し違うようです。

「お」がつく女房言葉が語源であることは間違いありませんが、味噌を表す女房言葉の「おみ」（御味）と、汁物を表す女房言葉の「おつけ」（御汁→御付け）が合わさってできた言葉だというのが有力な説です。

昔は、味噌を「**みい**」または「**おみ**」「**おみい**」などといい、今でも徳島県の郷土料理で味噌味の雑炊のことを、地元では「**おみいさん**」と呼んでいます。

「つけ」は、文字通りご飯について出てくるものという意味で、のちには漬物を指すようになりましたが、もともとは汁物一般に使われていました。関西を中心に、年配の人はお吸い物や味噌汁のことを「**おつけ**」と呼んでいたものです。

しゃもじ

杓子《しゃくし》

女房言葉には、語頭に「お」をつけるだけでなく、語尾に「もじ（文字）」をつけるものもあります。

そのものを直接呼ぶのではなく、「○○という文字」とぼやかすわけです。その点では、「彼女にほれた」を「彼女に『**ほ**』**の字**」というのと同じ意識が働いているといってよいでしょう。

例えば、「しゃくし」は「**しゃもじ**」になりました。現在では、少なくともご飯をよそう道具としては、「杓子」と呼ぶ人はほとんどなく、女房言葉を起源とする「しゃもじ」という人がほとんどでしょう。「杓子」は、液体や粉末を測ったり、すくい取ったりする道具に用いられるほか、「杓子定規」「ねこも杓子も」

という決まり文句に残っています。

「しゃもじ」以外には、「お目にかかる」を意味する「**おめもじ**」、かつら（添え髪、ヘアピース、ウイッグ）を示す「**かもじ**」、浴衣を表す「**ゆもじ**」などがありますが、時代劇でたまに「殿様におめもじがかなった」といったせりふを聞くくらいで、残念ながらあまり使われなくなってしまいました。

現代でも通じるのは、「**ひもじい**」くらいでしょうか。これは、空腹であることを意味する古語の「ひだるい」の「ひ」に「もじ」がついて「ひもじ」となり、それが「ひもじい」となった語です。しかし、これも若い人には通じないかもしれませんね。

おネーちゃんにほの字かい？
ようようアツいね!!

山の人、クロゲ、ヤセ

猿、熊、狼

山に入って狩猟で生活している猟師の間では、仲間だけに通じる山言葉という隠語があります。熊や狼など、動物の名前などを忌み言葉として山中では使わないようにしてきたのです。

よく知られているのは、現在の秋田県を中心に今でも狩猟を続けているマタギの人たちの言葉でしょう。地域によっては猟師だけでなく、土木作業や畑仕事で山に入る人の間でも守られていたといいます。

山の神様に対する信仰が背景にあるとか、動物に聞かれないようにするためだとか、いろいろな説があるようで、とくに女性に関する言葉や殺生や死に関する言葉は固く禁止されていました。

山の神は女なので、女性に関する言葉を口にすると嫉妬《しっと》されて危険だからといわれています。また、猿は「去る」に通じるためにひどく嫌がられ、地域によって「**山の人**」あるいは「**サネ**」「**シネ**」「**オンツァマ**」などと言い換えていました。

山言葉は地域によって異なり、熊は「**クロゲ**」「**イタズ**」「**ナビレ**」などと呼ばれます。クロゲは黒い毛だからでしょう。そのほかに、狼を「**ヤセ**」「**ノビ**」「**オキャク**（お客）」、犬を「**セタ**」「**ヘダ**」、ウサギを「**シガネ**」などと呼びます。

動物以外にも、米を「**クサノミ**」、けもの道を「**ウジ**」、尾根を「**ナガネ**」などといいますが、なかには由来がわからなくなっている言葉も多くあるようです。

もちろん、山中で山言葉を使っていた猟師たちも、里に戻ってくると里言葉（つまり、一般に使っている言葉）を使います。

ワッカ

水

山言葉で興味深いのは、アイヌ語を語源とするものがあることです。例えば、水のことを山言葉で「**ワッカ**」といい、犬を「**セタ**」（103ページ参照）というのはどちらもアイヌ語に由来しています。知床にある「カムイワッカ」という名の滝は「神の水」、「稚内《わっかない》」という地名は「（冷たい）飲み水が出る川」が語源とされています。

中部地方から東北地方にかけてはアイヌ語地名が数多くあることから、山言葉にアイヌ語が交じっていても不思議ではありません。また、江戸時代になってからアイヌの人たちとの交流によって、日常生活にアイヌ語の語彙《ごい》が入ってきたという説もあります。

ナガモノ、エテコウ

蛇、猿

山言葉ほど数多くはありませんが、海で働く漁師の人々にも忌み言葉があり、沖言葉と呼ばれています。地域によって嫌われるものと言い換えの言葉はさまざまありますが、全国共通して嫌われるのは蛇と猿のようです。

蛇は「**ナガモノ**」や「**ナガムシ**」などと呼ばれています。猿が避けられるのは、山言葉と同じく発音が「去る」に通じることであり、魚が去って漁獲がなくなることを嫌がるためです。代わりに「**エテコウ**」などと呼ばれています。

「エテコウ」は、沖言葉だけでなく一般的にも使われてきたので、ご存じの方も多いことでしょう。

えびす

クジラ、イルカ

えびす様といえば、七福神の一柱《ひとはしら》として有名です。右手に釣り竿を持ち、左手に鯛を抱えている姿は印象的です。七福神のほかのメンバーは、皆インドや中国を起源とする神様ですが、えびす様だけは日本生まれの神様です。

漢字では「夷」「戎」「蛭子」などと表記され、『古事記』『日本書紀』によると、国造りの神様であるイザナギノミコトとイザナミノミコトの子とされています。しかし、3歳になっても立つことができなかったために、葦の船に乗せられて海に流されたという気の毒な生い立ちを持っている神様でした。

ところが、釣り竿や鯛を持っている姿からもわかるように、のちに海や豊漁の神様とあがめられるようになるのですから、運命というのものはわかりません。

そして、その化身とされるのがクジラやイルカです。かつては浅瀬に迷い込んだクジラが1頭がいると、「七浦《ななうら》賑わう」（7つの漁村が賑わう）と呼ばれた時代がありました。クジラの肉を食べるだけでなく、骨や皮で日用品や調度品をつくるなど、まさに付近のいくつもの漁村が潤うほどであったとされ、大歓迎されたのです。

これを、海の神様であるえびす様がクジラの姿となって恵みをもたらしたと考えて、クジラを「えびす」または「えびす様」と呼んで敬ったのです。その証拠に、かつてクジラ漁を行っていた浜の多くでは、今でもえびす様が祀《まつ》られています。

また、小型のクジラやイルカは、漁網を破って漁師を困らせる一方で、魚群を追い込んで漁の手助けをしてくれることから、漁師にとってはありがたい存在でもありました。こうしたクジラやイルカも、神様の化身とされて「えびす」と呼ばれたのです。

ロハ

無料

世の中には「タダより高いものはない」などという言葉もありますが、やはり無料は魅力です。でも、「タダにしてよ」「タダでください」とはっきり口に出しにくいときもあるでしょう。そんなときに使われたのが、この「**ロハ**」。

由来はシンプルで、「只」という漢字を上下に分けると、「ロ」と「ハ」になるためです。昭和の時代まではよく使われ、「申し訳ないけれどロハでやってくれるかな。埋め合わせは必ずするから」と、ビジネスシーンでも用いられました。

似たような例には、警察用語の「**ハム**」があります。これは、公安の頭文字の「公」を分解したものです。

ゲン担ぎ

縁起担ぎ

この章では、忌み言葉やゲン担ぎに由来する隠語を紹介してきました。実は、この「**ゲン担ぎ**」も隠語の一種です。

これは、「縁起を担ぐ」に由来しています。江戸時代に流行した逆さ言葉（倒語）がもとになり、縁起を逆に発音して「ギエン」、それが短く詰まって「ゲン」となったと考えられています。

倒語は、仲間内だけに通じる言葉として、その後もジャズを「**ズージャ**」、六本木を「**ギロッポン**」と呼ぶように、現代まで脈々と受け継がれています。

仏教用語で、修行を積んだことによる効果を表す「験《げん》」に由来しているという説もあります。

コラム

日本文学の名作に出てくる「ノジアン」の謎

昔、小学校の国語の教科書によく取り上げられた小説の一つに、山本有三《やまもとゆうぞう》の『路傍《ろぼう》の石』がありました。主人公の吾一《ごいち》はかしこい少年でしたが、家が貧しかったために、小学校卒業後、不本意ながら同級生の家が営む呉服屋に丁稚奉公《でっちぼうこう》に出されます。

ある日、吾一が店の奥に待機していると、客の応対をしていた番頭が「お召しの**ノジアン**」を持ってこいというのです。意味がわからない吾一が、そこそこいい服地を見繕って持っていくと、「なんだ、お前は！　ノジアンといったじゃないか」と番頭に怒られるというシーンがありました。「ノジアン」というのは、安物という意味だったのです。番頭は吾一に対して、「安物の服地を持ってこい」

といいつけたのでした。

右も左もわからない丁稚に、隠語で呼びかけるのはどうかと思いますが、問題はなぜ「ノジアン」が安物を意味するのかです。これは、昔の商家や露店の商人の間で使われていた言葉で、その由来はなかなか興味深いものがあります。

第一に、「ノジアン」は「安（あん）の字」を引っくり返した言葉だということです。「倒語」と呼ばれる用法で、場所を「**ショバ**」、先輩を「**パイセン**」というように、逆さまにすることで仲間内だけに通じる隠語にすることがよくありました。「安の字」の「安」は、もちろん「安い」ことを示しています。

では、「〜の字」は何かというと、対象となるものの名前全体をいわず、一部の字だけを用いてぼやかしていう用法で、これもよく隠語として使われてきました。

例えば、100ページでも触れた例のように、「あの子にほれた」とはっきりいわずに「あの子に『**ほ**』**の字**」という言い方をします。「めし屋」を「**めの字**」というのも同様です。また、名前の一部を使って、八五郎を「八の字」という呼び方をするのは、落語でよく出てきます。「信之助」ならば「信の字」、「徳五郎」ならば「徳の字」です。

同様に、「安の字」も「安物」とはっきりいうことを避けて、「安の字」といったのでしょう。

こうした「の字言葉」と、先ほどの「倒語」の2段階を踏んでいる「ノジアン」は、かなり高度な隠語といってよいでしょう。

5章

知っていると一目置かれる日本語

お店の看板「春夏冬中」を何と読む?

まるじゅう

サツマイモ

甘くておいしくて人気のあるサツマイモ。栄養価も高いことから、江戸時代の飢饉《ききん》や戦後の食料難の際にも広く栽培され、多くの人の命を救ってきました。江戸時代に薩摩《さつま》の国（現在の鹿児島県西部）から日本全国に普及していったために、「薩摩芋」という名がつきました。

このサツマイモのことを、和食や青果業界では隠語で「**まるじゅう**」と呼んでいます。これは、薩摩藩の藩主であった島津家の家紋が、「丸（〇）」に「十」の字を描いたものだったことに由来しています。

実は、現在の鹿児島市の市章は、この「丸に十の字」の紋章と、「市」の文字を組み合わせたものになっています。島津家の威光が今でも絶大なものであることを感じさせます。
サツマイモの原産は中央アメリカで、大航海時代にスペインやポルトガルを経て東南アジア、中国大陸から琉球《りゅうきゅう》王国、日本本土へと伝わってきました。こうした経路から、日本の各地では伝来元の地名がつけられています。

例えば、沖縄では中国大陸から伝わったために「**唐芋**《からいも／とういも》」。鹿児島県とその周辺でも、やはり「唐芋《からいも》」が一般的です。九州北部では琉球から伝わったということで「**琉球芋**」と呼ばれており、九州を除く日本本土では薩摩から伝わったために「**薩摩芋**」と呼ばれているわけです。

「まるじゅう」と聞くと、「丸十パン」「丸十製パン」など、パン屋の店名を連想する人もいるでしょう。これはサツマイモとは無関係ですが、やはり家紋に由来しています。明治時代後半、アメリカで製パン法を習得した田辺玄平《たなべげんぺい》さんが、苦労の末に日本でその製法を改良して評判になりました。その田辺さんの家紋が「丸に十の字」だったことから、彼の弟子や関係者は「丸十製パン」を名乗っているのです。

十三里

サツマイモ

江戸時代は砂糖が貴重品でしたから、甘い味がする栗やサツマイモは庶民に大人気。サツマイモは「**八里半**」と呼ばれていたことがあり、これは「栗（＝九里）に近い味」というシャレでした。

やがてサツマイモは「**十三里**」にランクアップ。実はこれ、「栗（＝九里）より（＝四里）うまい十三里」というシャレでした。9と4を足して13というわけです。

これにはもう一つの説があって、サツマイモの名産地であった川越が、江戸から十三里（約51キロ）の距離にあったからだともいわれています。

秋が旬なので、現在では10月13日が「サツマイモの日」とされています。

春夏冬二升五合

商いますます繁盛

居酒屋などの店先に「**春夏冬中**」という看板が出ていることがあります。これは謎かけのようなもので、「春夏冬」とは、秋がないことから「商い」。それに「中」がついていると「商い中」、つまり営業中を意味するわけです。

これは、江戸時代から続く「判じ読み」という言葉遊びの一種です。「**春夏冬二升五合**」となると、現代人には難易度が高いかもしれません。

「二升」は升（＝枡／ます）が二つなので「ますます」、「五合」は一升（＝1・8リットル）の半分なので「はんじょう」。つまり、全体で「商いますます繁盛」と読めるわけです。

せんみつ

うそつき、不動産屋

昭和から平成にかけてテレビで大活躍したコメディアンに、「せんだみつお」という人がいます。この芸名の由来を知らないまま、大笑いをしていた人も多いことでしょう。

江戸時代から使われてきた「**せんみつ**」という言葉がもとになっており、漢字にすると「千三つ」。「千のうち三つしか本当のことをいわない」という意味で、「せんみつ屋」というと「あてにならない人」「うそつき」を意味します。

せんだみつおという芸名は、これをもじった自虐的な名前なのですが、確かに冗談ばかりいっていた芸風に合っていたような気がします。

また、「せんみつ屋」とは、かつては不動産屋のことを指す言葉として広く使われてきました。「不動産屋はきれいごとを並べて、土地や家屋を斡旋《あっせん》して儲けていたから」という説と、「土地や家屋の斡旋が成立するのは、千あるうちで三つくらいだから」という説があります。

不動産屋だけでなく、さまざまな取引の仲介をする、いわゆるブローカー全般を指して「せんみつ屋」とも呼んでいました。

最近では、新規の事業参入や新製品の企画など、成功するのが難しいビジネスを表現する際に、「せんみつ」を使うケースがあるようです。

隠語には、時代が変わって消えていくものばかりでなく、用法や意味を少しずつ変えてしぶとく生き残っていく言葉があります。「せんみつ」は後者の典型的な例といってよいかもしれません。

中間無札の不正乗車

キセル

「**キセル**（煙管）」はタバコを吸う細長い道具のことです。キセルの一方の端にある雁首《がんくび》にタバコの葉を詰めて火をつけ、もう一方の端にある吸い口で煙を吸うというもの。ヤニが詰まったり、金具が壊れたりすると、羅宇屋《らうや》さんに掃除や修理をしてもらいました。

羅宇屋の多くは移動式の露店で、昭和の時代には、東京で最後といわれた羅宇屋さんが浅草雷門前で営業していました。蒸気の力でヤニを掃除するために、蒸気を上げるピーッという大きな音が聞こえると、「ああ、羅宇屋が来ているんだな」とわかったものです。その後、若い人が改めて羅宇屋をはじめたとも聞きます。

さて、ここが重要なポイントなのですが、キセルの中央部は木でできており、両端の雁首と吸い口だけが金属でできているのです。これが、鉄道の不正乗車の隠語として使われている理由です。

不正乗車にもいろいろ種類がありますが、「キセル」または「キセル乗車」と呼ばれている方法は、区間の連続しない2枚の乗車券（定期券や回数券を含む）を使って、その間を無賃で利用するもので、正式には「中間無札」と呼ばれています。両端だけの乗車券を持っていることを、両端だけ金属のキセルにたとえたわけです。

現在では、乗車券に乗降情報の記録が可能になり、改札でチェックできるようになったので、「キセル乗車」は難しくなりました。以前は、怪しいと目をつけられた乗客のあとを職員がつけて、キセルが発覚し、とんでもない金額を請求されたというニュースをときどき聞いたものです。

もちろん、2枚の乗車券を持っていても区間が連続していれば、それはキセルではなく、まったく問題ありません。

薩摩守《さつまのかみ》

無賃乗車

時代劇を見ていると、「〇〇のかみ」と呼ばれる人物がよく登場します。漢字にすると「〇〇守」で、〇〇には地名が入ります。もともとは、今でいう知事にあたる役職でしたが、江戸時代になると領地とは関係なく、単なる官職の名前として下されるものとなります。名裁きで知られる大岡忠相《おおおかただすけ》は、本名よりも大岡越前守《えちぜんのかみ》として知られていますね。

さて、「**薩摩守**」もそんな偉い人を意味する言葉かと思いきや、鉄道などの無賃乗車を意味する言葉として昭和40年代頃までよく使われてきました。

なぜかというと、歴史上の人物で「薩摩守忠度《さつまのかみただのり》」と呼ばれた人がいたために、「忠度」と「タダ乗り」をかけて、無賃乗車のことを薩摩守と洒落言葉で呼ぶようになったからです。

もっとも、無賃乗車の隠語に使われた忠度さんにとっては、はなはだ迷惑なことでしょう。どんな人かというと、平安時代末期に生きた平忠度という武将で、源平の合戦では平家側に加わって活躍した人です。平家の敗退が決定づけられた一ノ谷の戦いでも奮闘しますが、最後には討ち取られてしまいます。『平家物語』の平忠度は歌人としても有名で、『千載和歌集《せんざいわかしゅう》』の撰者として知られる藤原俊成《ふじわらのとしなり》に師事していました。

朝敵となった平家の武将として都落ちしていく忠度は、俊成の館に立ち寄り、自分の歌を和歌集に載せてほしいと頼みます。そして彼の死後、源氏の世になってからでき上がった『千載和歌集』には、忠度の歌が「詠み人知らず」として選ばれたのです。朝敵だったので名前を載せるわけにはいかなかったのでしょう。

そんな生涯を知ると、ますます無賃乗車の隠語に使われていることに同情してしまいますが、裏を返せば、それだけ後の世まで名前を知られた証であるともいえるでしょう。

肥後守《ひごのかみ》

折りたたみ式ナイフ

「肥後守」というのは、隠語というよりも、昭和40年代まではごく一般に使われていた言葉でした。肥後（現在の熊本県）でつくられていたナイフをもとに、兵庫県の実業家が実用化したことからその名前があります。

戦後しばらくは、小学生でも鉛筆を削るためなどに持ち歩いていましたが、鉛筆削り器の普及もあり、肥後守を含む刃物は「危険だ」として一掃されてしまいました。

肥後守は登録商標で、兵庫県三木市のナイフの製造業者組合の組合員だけが使えるものですが、現在では1社しか残っていないため、「肥後守」を名乗れるのはその会社の製品のみになっています。

春日様

ケチな人

「自分はこの店のなじみだから大切にされている」と思ってふんぞり返っていると、陰で店の人に何をいわれているか。

とはいっても、陰口が客の耳に入ったら大変ですから、そこで隠語の出番です。昔の遊里《ゆうり》では、金離れの悪い人、つまりケチな人のことを「**春日様**」と呼んでいたそうです。

その心は、春の夕暮れが「暮れそうでなかなか暮れない」のと同じく、「お金をくれそうでくれない人だから」だそうです。そんな客がのれんをくぐると、店の人は笑顔で出迎えながら、陰でみんなに「春日様がいらっしゃったよ」とこっそり伝えたのでしょう。「様」までつけたところが皮肉に念が入っています。

ゲラ

校正刷り、試し刷り

出版や印刷業界も、隠語や業界用語が多い世界です。一般の会社に勤めている人でも、広告や社内報を担当したことがある人ならば、制作会社や印刷会社の人とやりとりするなかで、「来週には**ゲラ**が出てきますのでよろしく」といわれて、驚いた経験があると思います。

印刷物を制作するときには、誤りがないよう、印刷をはじめる前に「校正」と呼ばれるチェックを何度か行います。その校正のために見本としてつくった仮の原稿を、「校正刷り」または「ゲラ」と呼ぶのです。なぜなのでしょうか。

話は、活字を使った印刷の時代にさかのぼります。当時はパソコンなどありませんから、文章に出てくる1字1字の活字を組み合わせて並べる作業が必要でした。活字は、文字の部分が出っ張っており、そこにインクをつけて紙に押し付けると、ハンコのようにして文字が印刷できるという仕組みです。日本語では膨大な漢字を扱うので、活字のストックから該当するものを拾ってくるのは大変な作業でした。

拾ってきた活字は順番に枠に組み込んで原稿にするのですが、そうして活字を組んでできた枠を、印刷まで保管する蓋のない底の浅い箱のことを「ゲラ」と呼んでいたのです。

「ゲラ」の語源は、英語の「ガレー(船)」とされています。人力で進む船のことで、船の横からオールが何十本も出ているのを見たことがあるでしょう。似ても似つかないような気がしますが、ほかの船にくらべて船底がとても浅かったことから、連想されたのだといわれています。

このように、もとは組んだ活字を保管する箱を意味した「ゲラ」でしたが、やがて組んだ活字を使った「校正刷り」の意味になり、コンピュータを使って印刷する時代になっても残っているというわけです。

ルビ

ふりがな

これも、出版や印刷業界では当たり前のように使われている用語で、例えば「この地名は読み方が難しいから、**ルビ**をふっておきましょう」などと使います。

なぜ、ふりがなが「ルビ」なのかというと、ふりがな用に使われた小さな活字のことを「ルビ」と呼んでいたためです。

かつてのイギリスでは、活字の大きさに応じて宝石の名前をつけて呼んでいたのですが、そのうちで日本のふりがなにあたる大きさの活字が「ルビー」だったのです。ルビー以外にも、エメラルド、パール、ダイヤモンドなどがありましたが、「ルビー」だけが日本に業界用語として残ったというわけです。

ノンブル

ページ番号

ほとんどすべての本や雑誌には、ページの端にページ番号がついています。これを出版・印刷業界ではなぜか「**ノンブル**」と呼びます。フランス語で「番号」「数字」を意味する単語で、英語の「ナンバー」と語源が同じ。ノンブルは本文の1枚目を1ページとするのが一般的ですが、雑誌や冊子では表紙を1ページとすることもあります。

デザインの都合上、ノンブルを入れないこともあり、それを「隠しノンブル」といいます。「ふむふむ、このページは写真の邪魔になるから、隠しノンブルにしているんだね」というと、周囲の人に一目置かれる……かもしれません。

校正ゾンビ

修正したはずの箇所が、あとで復活すること

「ゾンビ」といえば、腐乱した死体がよみがえって、あちこちを歩きまわるあれです。映画で見た人も多いでしょう。本当に存在していたら、これほど怖いものはありません。ましてや、目の前にゾンビがいきなり現れたら……そんな恐怖が、出版・印刷業界の担当者を襲うことがあります。それが「**校正ゾンビ**」です。

誤りのない書籍や冊子を出版するために、校正作業は初校、再校、三校（念校）と、3回ほど行うのが一般的です。初校で誤りを指摘した箇所は、再校のときに修正されて戻ってきます。ところが、そこで修正したはずの箇所が、三校になってもと通りに復活することがあるのです。

修正前の文章はこの世から消えたはずなのに、なぜか生き返っている。これが

恐ろしい「校正ゾンビ」で、「先祖返り」と呼ぶ人もいます。

もちろん、三校で間違いに気がついて直せばよいのですが、三校では再校で修正を依頼した部分だけをチェックするのが一般的。初校の間違いを改めて確認する余裕はないことが多いのです。

すると、間違いが残ったまま印刷され、客は「誤植じゃないか！」と激怒。担当者は平謝りで、場合によっては刷り直しとなります。

意外にも「校正ゾンビ」は、制作・印刷のコンピュータ化が進んでから起きるようになった現象です。修正したファイルを上書き保存しておけば、古いファイルは二度と復活することはありません。しかし、客から、「やっぱり、前のほうがよかった」といわれることがあったときのために、以前のバージョンも残しておきたいもの。そして、再校が戻ってきたときに、新しいファイルを開いて修正すればいいのですが、誤って古いバージョンのファイルを開いてしまうと、直したはずの誤りがゾンビとなって生き返るわけです。

トンマナ

デザインの雰囲気や統一感

例えば会社の広告を新しく作成しようというとき、制作会社やデザイナーをまじえた打ち合わせでよく耳にするのが、「**トンマナ**」という不思議なフレーズ。妙な語感なのではじめて聞いた人は驚きますが、これは英語のトーン（tone）・アンド・マナー（manner）を略したもの。企業のイメージやほかの制作物との違和感がないよう、雰囲気や印象を統一することを指します。

「トンマナを合わせる」と使うのが一般的ですが、「トンマナ」だけでも統一感を指します。デザイナーにとって、顧客が求めるトンマナを理解することは、仕事を進めるうえで重要な第一歩です。

カンプ

デザイン見本

広告や雑誌記事などを制作する際、でき上がってから「もっとこうしてほしい」「イメージが違うんだよなあ」となると、時間も手間もかかって大変です。

そこで、実際に印刷に取りかかる前に、仕上がりの見本をつくることで客と制作者でイメージを共有することが大切。この見本のことを「**カンプ**」といいます。

「包括的レイアウト」「総合レイアウト」を意味する英語の「Comprehensive Layout」を略したもので、カンプには写真や図版、文章、イラストの位置、文字の書体や色などを忠実に再現し、それをもとにして、客と制作者が最終的なすり合わせを行うことになります。

シズル

臨場感あふれる感覚や効果

テレビのグルメ番組や料理番組を見ていると、それだけで空腹になることがあります。料理の味や香りまで感じさせるように撮影されていると、無意識のうちに食欲や購買意欲を刺激されてしまいます。そんな臨場感や実物感のことを「**シズル**」または「**シズル感**」と呼びます。

英語のsizzleという動詞に由来しており、これは食材を焼いたり揚げたりしたときに出る音を表す擬音語です。日本語でいえば「ジューしている」「ジュージュー焼けている」にあたる言葉で、いわれてみれば、「シズルシズル、シーズルズルズル〜」と聞こえなくもありませんね。

日本で知られるようになったのは、エルマー・ホイラーという営業コンサルタントが著した『ステーキを売るな　シズルを売れ！』という本がきっかけです。

彼は、「店でステーキを売ろうとするならば、値段や品質よりもまずシズルが大切。匂いや音で客を集める」と述べ、五感に訴えることが重要だとしました。

それ以降、広告業界で使われるようになり、食品や食材の写真で、食欲を刺激するような臨場感を指すようになりました。

現在では、食べ物に限らず、デザインや印刷業界においても実物感を表す語として用いられるようになり、「このイラストだけど、もっとシズル感がほしいなあ」などと使われるようになったのです。

完パケ

映像や音声がすべて揃った完成品

映像や音楽を扱う業界で使われる用語で、「完全パッケージ」を略したもの。業界によって多少意味合いが違いますが、早い話が完成品を指します。

映像業界を例にとると、撮った映像をそのまま流すことはほとんどなく、BGMや音声、テロップを加えたり、切ったりつなげたりといった編集作業を経ることで、ようやく放送や販売に堪える作品になります。その状態になったものが**「完パケ」**です。

音楽業界では、編集を加えてでき上がったマスター音源を指したり、販促用のミュージックビデオなどがすべて揃ったものを指す場合もあるようです。

バミリ

舞台上の目印

演劇やコンサートのステージを見る機会があると、あちこちに粘着テープやカラーテープが貼り付けられていることに気づくことでしょう。それは、舞台上での役者の立ち位置、マイク、楽器、小道具などの設置位置を示す目印であり、その目印のことを演劇や映像業界で「**バミリ**」と呼びます。演出家が「場を見る」ことに由来するという説があります。

その舞台が終われば、また別の公演があるので、「バミリ」はすぐにはがせるものでなくてはなりません。また、あまり派手な色だと映像に映って見苦しいので、地味な色が使われることが多いようです。

せっしゅ

身長を高く見せるための踏み台

恋愛映画のクライマックス、主人公の男女が互いをじっと見つめ合って……という場面で、時に問題になるのが身長差です。

最近では、「身長に差があっても自然でいいじゃないか」という流れになっていますが、ストーリーによっては、男性が高すぎても女性が高すぎても違和感を覚えるかもしれません。シークレットブーツという厚底靴を使う手もありますが、それでも限界があります。

そこで、監督や演出家が「**せっしゅ！**」とひと言叫ぶと、アシスタントがどこからか踏み台を持ってきます。それが「せっしゅ」です。

「せっしゅ」の由来は、日本人初のハリウッドスターとして活躍した早川雪洲《はやかわせっしゅう》。

明治19年生まれの早川は、21歳で単身アメリカに渡り、サイレント映画時代にアジア系初のハリウッド主演男優として人気を博します。『チート』という映画では、西洋人女性を誘惑する猟奇的な主人公を演じて、全米にセンセーションを巻き起こしました。

まだまだ人種差別意識が強かったアメリカですが、そのエキゾチックな容貌は女性の人気の的となります。身長は170センチ近くといわれ、当時の日本人では高いほうでしたが、アメリカ人にくらべると低かったため、現地の俳優と共演するときは、しばしば踏み台に乗って身長を高く見せたのだといいます。そこから、「せっしゅう」が使っていた小道具として、日本で「せっしゅ」または「**せっしゅう**」と呼ばれるようになったのです。

ちなみに、彼の妻もアメリカ在住の日本人で、結婚前はハリウッドで有名な女優でした。晩年の早川雪洲が再び脚光を浴びたのは、彼が捕虜収容所の所長を演じた映画『戦場にかける橋』です。テーマ音楽の『クワイ河マーチ』は、誰でも一度は耳にしたことがあるでしょう。

アナカン

同伴なしで子どもが国際線航空機に乗れるサービス

子どもを海外のサマースクールに通わせたい、夏休みに海外の親族のもとで過ごさせたい……などなど、子どもに海外経験を積ませたいと考える親御さんが増えています。そんなときに便利なのが、各航空会社が提供している「**アナカン**サービス」。「Unaccompanied Minor Service」の略で、保護者の同伴なしでチェックインから機内の世話、現地での受け渡しまで航空会社がサポートしてくれる付き添いサービスです。

日本語ではなんと呼ぶサービスなのか航空会社のサイトで調べてみたのですが、「アナカン」としか書いてありませんでした。まるで隠語のような正式名称です。

コラム

難易度高め!? 鉄道員もオタクも使う鉄道用語

電車の先頭に乗っていると、運転士が前方を指さして「出発進行!」と大きな声を出しているのを見ることがあります。この声を聞くと、「さあ、発車だ」という緊張感と高揚感を感じます。

しかし、多くの人が誤解しているようですが、あの「出発進行!」は、けっして「さあ、行くぞ」という景気づけのフレーズではありません。正しくは、「出発信号機が進行を示している」ことを確認する発声なのです。

出発信号機とは、主にホームの端にあって、駅の構内から出てもよいかどうかを示す信号機のこと。それが「進行」(青信号)を示していれば「出発進行」と発声します。黄色と青の2つが同時に点灯している「減速」を示していれば「出発減速」、黄色が1つ点灯している「注意」ならば「出発注意」になるわけです。

鉄道業界は歴史が古い世界なので、隠語が数多くあります。

例えば、「**ウヤ**」は運休を意味する用語で「運転が休み」から来ています。「**スジ**」は列車ダイヤのことで、ダイヤグラムに引かれた1本1本の線（筋）が列車を表すことに由来しています。「**レチ**」は車掌のことで、列車長から「レ」と「チ」を抜き出してつくられています。省略した語が多いのは、かつて鉄道電報で情報を伝達していた名残で、なるべく字数を少なくしたためです。

客車列車を「**客レ**」、機関車を「**カマ**」と短く呼ぶのも、その流れといってよいでしょう。昔の機関車といえば、ボイラーで発生させた蒸気の力で動く蒸気機関車でした。ですから、現場ではボイラーを意味する罐《かま》と俗に呼ばれ、それが電気や内燃機関で動く時代になっても、慣習でカマと呼ばれているのです。

鉄道マニアもそんな隠語をよく使い、「今日の客レのカマは原色機（オリジナル塗装の意味）だった」「あーあ、**カモレ**（貨物列車）はウヤか」「やっぱり、**ロザ**（グリーン座席車）はいいよね」などという難解な隠語が飛び交います。

もう一つ、鉄道業界では「架線」のことを「**がせん**」と呼びます。これは、「架線」と「仮線」を混同しないためで、安全第一の鉄道業界らしい用語です。仮線は「かりせん」と呼んで区別します。

6章

ちょっと使ってみたくなる日本語

「うちの子はようやく『つばなれ』しました」

つばなれ

人数が10人を超えたこと

舞台の袖から、閑散とした客席を見ていた芸人さんが、ぽつりとひと言。

「なんとか、**つばなれ**したようだな」

「つばなれ」は、もともと寄席で使われていた言葉で、客が10人を超えたことを表しています。

というのも、数を数えるとき、「ひとつ、ふたつ、みっつ、……ななつ、やっつ、ここのつ」と、1～9までは最後に「つ」がつきます。

ところが、10になると、「とお」になって「つ」がつきません。ようやく「つ」から離れるわけです。

ですから、「つばなれ」というわけ。なかなか粋な言い方ですよね。「やっと10

人か」というよりも、ずっと前向きなイメージを受けます。現在では寄席に限らず、演劇やライブハウスでも使われているようです。

おもしろいことに、最近では子育ての世界でも使われています。「うちの子は、ようやく『つばなれ』しましたよ」といった具合に、10歳になったことを示します。10歳といえば小学4年生。高学年になり、基本的な生活習慣が身について、それなりに自立した年齢です。親としても、それまでほど手がかからなくなって、ほっとする年頃でしょう。

さて、ここで問題です。「十」という珍しい名字の方がいらっしゃいますが、果たしてなんと読むのでしょうか？

これも「つ」と関係があります。答えは「つなし」さんでした。理由はもうわかりますよね。

天無人《てんむじん》、針無金《しんむきん》

2、10

お坊さんというと、俗世間から距離を置いて修行に励むというイメージがありますが、霞《かすみ》を食べて生きているわけではないので、お布施《ふせ》の金額は気になります。かといって、「3万円だったよ」「10万円いただいたよ」などとストレートに金額を口にするのは気が引けるのでしょう。

そこで、漢字からその一部を取り去って、漢数字を表すという隠語を使っているそうです。

「**天無人**」は「天」から「人」を取るという意味で、残りは「二」。「**王無中**」は、「王」から中央の縦棒を取って「三」。「**針無金**」は「針」から「金」へんを取って「十」という具合です。

ぬき

天ぷらそばの具と汁

まだ空が明るいうちから日本酒をちびりちびりとやりながら、そば屋でつまみをいただくのは、酒飲みにとってかけがえのない時間でしょう。そんな酒飲みがそば屋で注文する品に「**ぬき**」があります。

酒を提供するそば屋であっても、お品書きに書かれていない、いわゆる裏メニューの扱いとなっている店が多いようです。書かれている店もありますが、知らない人にとっては、なんだか見当もつかない一品でしょう。

これは、「天ぷらそばのそばぬき」を略したもので、「天ぬき」とも呼ばれています。つまり、汁のなかに天ぷらと三つ葉などの具が入っているものを指しています。

「酒と一緒に天ぷらそばも食べたいけれど、ちびちび酒を飲んでいたらそばが伸びてしまう」「酒を飲んでいる間は、腹いっぱいにしたくない」という酒飲みの気持ちからできたのだと考えられます。

「天ぬき」以外にも、鴨南蛮からそばを抜いた「鴨ぬき」、かしわ南蛮からそばを抜いた「かしわ抜き」などを用意している店もあります。

ところで、そば屋のつまみとして代表的なものに、**「板わさ」**や「だし巻玉子」「わさび芋」などがありますが、「板わさ」もそば屋で使われる業界用語といってよいかもしれません。

「板わさ」は、切ったかまぼこに、醤油とワサビをつけたつまみのこと。「板」は、かまぼこが板に練り付けてつくられることを象徴する語であり、「わさ」はわさびを略した語です。

「板わさ！」と注文して、木の板とわさびだけが出てきたら困りますが、そんなことはありません。そこはお約束として、かまぼこがちゃんと出てくるのは、当然とはいえ、考えてみればおもしろいところです。

直実《なおざね》

熱盛《あつも》りそば

昔は、そば屋で「**なおざね！**」と注文をしていた粋な客がいたそうです。

源平合戦で活躍した源氏の武将、熊谷直実《くまがいなおざね》は、源頼朝《みなもとのよりとも》の御家人として一ノ谷の戦いに参加。平敦盛《たいらのあつもり》を討った場面は、『平家物語』でもハイライトの一つです。

直実が相手（敦盛）を組み伏せて首をとろうとしたところ、自分の息子と同年代の若い少年！　こっそり逃がそうとも考えましたが、近くに味方がいたために、泣く泣く敦盛を討ち取ります。

そう、熱い盛りそば（熱湯をくぐらせた温かい盛りそば）と敦盛がかけ言葉になって、そこから直実を連想したもの。教養がにじみ出るシャレた隠語です。

裏を返す

二度目に店に行く

飲食店で、「なじみのお客さん」という言葉を聞いたことがあるでしょう。実は、この「なじみ」にはきちんとした定義があるのをご存じでしょうか。

もともとは、「一見《いちげん》」「裏を返す」とセットで使われていた言葉で、江戸時代の花柳界《かりゅうかい》にルーツがあります。

江戸時代の遊里の多くもそうでしたが、今でも高級飲食店の一部には、知人の同伴や紹介がないと入れない店があります。そうしてはじめて訪れた客のことは、新規の客という意味で、店の人から「一見さん」と呼ばれます。

そこで店が気に入ったら、今度は知人がいなくても店を訪れることができます。この2回目の訪問を「**裏を返す**」と呼ぶのです。そして、3回目に訪れたときに、晴れて「なじみ」「おなじみさん」になるわけです。ですから、「なじみの客」というのは、厳密にいうと3回以上訪れた客のこと。「裏を返す」だけでは、まだまだお試し段階、見習い段階といったほうがよいかもしれません。

ところで、なぜ2回目の訪問を「裏を返す」というのでしょうか。これは、壁を塗る左官《さかん》仕事から来ているという説が有力です。江戸時代には鉄筋なんてありませんから、壁の心材にはもっぱら編んだ竹が使われていました。その場合、一方から塗るだけでは裏側にはみ出てしまうので、もう一度、裏側から塗る必要があります。こうして、2度目に裏側を塗り返すことから、裏を返すというようになったといわれています。

これは、エレキテルの発明などで有名な天才・平賀源内《ひらがげんない》が著した滑稽本《こっけいぼん》『風流《ふうりゅう》志道軒伝《しどうけんでん》』に、「二度目に行くを裏返すとなんいへるは、塗工より言ひ出し」と書かれているので、かなり信憑性《しんぴょうせい》がありそうです。ちなみに、この滑稽本は実在する当時の人気講釈師・志道軒を勝手に主人公にして、世界中の不思議の国を旅してまわるという奇想天外な冒険本で、当時大ヒットしたそうです。

ケツカッチン

後ろに予定があるため、押すことができない状態のこと

もともとは映画・テレビなどの映像関係の業界用語でしたが、それが広告業界でも使われるようになり、バブル時代に広告業界を描いたマンガを通じて広く知られるようになりました。

ケツは「尻」のこと、カッチンは映画やドラマで使用する「カチンコ」に由来しています。カチンコとは拍子木のような道具で、本番の撮影がはじまるとすぐに、カメラの前でカチンと打つ（鳴らす）ことから、こう呼ばれています。

映画やドラマでは、ストーリーの順に撮影をするわけではありません。バラバラに撮影した映像を、あとになって編集して1本の物語に仕立てるわけです。また、同じシーンを何度も撮影して、一番よいものを選ぶこともします。そこで、

カチンコにはどのシーンなのか、何番目のカットなのかが書き込んであります。

そのカチンコを、なんらかの理由で、カメラが止まる直前に打つことがあります。この「ケツでカチンコを打つ」ことが、「**ケツカッチン**」のもとになったといわれています。

それが転じて、「次のスケジュールが詰まっていて、時間をずらすことができない」という意味に使われるようになりました。

実際には、「すみません。『ケツカッチン』なので、打ち合わせは3時ちょうどまでお願いします」「『ケンカッチン』なもので、会議を途中で退席することになるかもしれません」などと用います。

てっぺん

夜の12時

ワーク・ライフ・バランス（仕事と生活の調和）が叫ばれている昨今ですが、業種や職種によってはそんなことをいっていられません。夜の8時には帰りたかったのに、残業が長引いて日付が変わるまで帰れそうにないときもあるでしょう。**『てっぺん』**までには終わらせたい！」と思うのですが、それでも12時をまわってしまったら、「ああ、『てっぺん』を越えたか」「今日も『てっぺん』をまたいだ」と嘆くことになります。

由来はアナログ時計を見れば一目瞭然。短針と長針が文字盤のてっぺん（天辺）、つまり一番上に並ぶためです。昼の12時にも2本の針が一番上で揃いますが、このときは「てっぺん」とはいいません。

金星《きんぼし》

平幕力士が横綱に勝つこと／美人

相撲界は長い歴史があり、しかも閉鎖的な世界ですから、独特の言葉や言い回しがあります。一方で、大相撲から世の中に広まった言葉も、「勇み足」「一人相撲を取る」「脇が甘い」など、数多く存在します。

勝ちを**白星**、負けを**黒星**というのは、どなたもご存じでしょう。星取表（勝敗表）では、それぞれ○と●で表します。

黒星は、「**炭団**《たどん》」とも呼ばれています。炭団は炭の粉末を丸く練り固めた燃料で、色が真っ黒なことから、黒星を表す●にたとえられているのです。

白星のうちでも、平幕（前頭）力士が横綱に勝つことを「**金星**」といいます。

金星は給金（給料）に反映され、通算の金星が多ければ多いほど、多くの給料がもらえるという仕組みです。ですから、横綱と対戦する平幕力士は皆、目の色を変えて頑張るわけです。

金星にはほかに、隠語として「美人」という意味があります。相撲取りが美人の女性と結婚すると、「○○関、金星を射止める」などとニュースになります。女性蔑視ではないかと怒られそうですが、そもそもが男だけの世界なので許してやってください。

横綱に勝ったときの「金星」に対して、大関に勝ったときは「銀星《ぎんぼし》」と呼ばれることがありますが、これは単に金と銀を対比した表現で、給金には影響しません。

キジ撃ち、お花摘み

山中の屋外で用便をすること

長時間の登山をしていると、当然、生理現象を催すことがあります。

今日では、たとえ山中であっても野外で用を足すことは極力避けるものとされていますが、そうはいっても「出物《でもの》腫《は》れ物所嫌《ものところきら》わず」というくらいで、場所や場面にかからわず我慢できなくなってしまうものです。近くに山小屋があれば別ですが、そうでなければ人の見ていない場所に行って用を足すしかありません。

そんなときに使う登山者の隠語が、「**キジ撃ち**」や「**お花摘み**」です。どちらも用を足す姿勢が、キジを撃ったり花を摘んだりする姿勢に似ていることに由来しています。

いずれも現在ではほぼ死語になっていますが、昭和の頃までは使われていました。

とくに、男性が用を足すのを「キジ撃ち」といい、「大キジ」「小キジ」の区別がありました。「大キジを撃ってきます」といえば、ちょっと時間がかかるほうですね。女性の場合は区別なく、かわいらしく「お花摘み」でした。

ところで、どの国や民族でも「トイレに行ってくる」は、あまり大きな声で口にしないのは共通しているようで、ネパールでは小指を立てるのが「トイレに行きます」を表す所作です。日本では愛人を示すあの素振りですね。

「所変われば品変わる」です。最近は日本でもネパール料理店が増えてきましたので、ぜひ一度お店で試してみてください。

フラ

天性のおかしみや愛嬌《あいきょう》

「**フラ**」といっても、フラダンスでもフラメンコでもありません。もともとは、落語家が持つ雰囲気を形容する言葉でした。

高座《こうざ》に上がってひと言ふた言口にしただけで、あるいはただ座っているだけでも、観客の頬が思わずゆるんでしまう。そんな天性のおかしみや愛嬌を持っている人を「フラがある」と形容したのです。現在では、俳優、コメディアンなどにも使われています。

どんな人を指して「フラがある」というのかは、個人個人で意見はさまざまです。また、「フラ」は持って生まれたもので、修業や練習をしてできるものではないといいますが、本当のところはわかりません。ひそかに陰で血の滲《にじ》むような努力をしているのかもしれません。

過去の落語家で「フラがある」と評されるのは、五代目の古今亭志ん生《ここんていしんしょう》でしょう。ある日、酒を飲みすぎて高座で居眠りをしてしまったのにもかかわらず、観客は文句をいうこともなく、「いいものを見た」と喜んで帰ったという伝説があります。

あるいは、観客の一人が「早く噺をはじめろ」と文句をいったところ、別の観客が「いいから、寝かせておいてやれ」といったとも伝えられています。

映画俳優では、渥美清《あつみきよし》がそうだという人がいます。『男はつらいよ』シリーズがあまりにも有名ですが、ほかの映画に脇役で出たときの存在感は格別です。ほんのチョイ役なのに、彼が顔を出すだけで映画館がどよめいたことがありました。

ローディ

ミュージシャンやバンドのサポートをする人

ポピュラー音楽の業界で、地方公演のマネージメント、楽器の輸送や調整など、コンサートの裏方業務を行う人全般を指す言葉です。巡業や道を意味する英語のロード（road）が語源で、英語では「ロード・クルー」（road crew）より砕けた呼び方として「**ローディ**」（roadie）が使われています。

現在では、日本でも「ローディ」が使われるようになりましたが、以前の日本の音楽業界では「**ボーヤ**」と呼ばれていました。

ボーヤはボーイが語源といわれていますが、日本語の「坊や」のニュアンスも含んでおり、裏方さんすべてを指すというよりも、「付き人として雑用をこなす若者」という意味合いがありました。いわばミュージシャンの弟子のような存在だったといってよいでしょう。

ローディは裏方仕事のプロフェッショナルというイメージですが、ボーヤは将来的にミュージシャンを目指しているという点に違いがありました。

ボーヤから「出世」して正式なメンバーになった人は数多くありますが、とくに有名なのは「ザ・ドリフターズ」の志村《しむら》けんでしょう。

長年ザ・ドリフターズのボーヤを務めていましたが、荒井注《あらいちゅう》の退団によって正式なメンバーの一員として取り立てられたことはよく知られています。

ツェー万

1万

ミュージシャン、とくに昔のジャズミュージシャンは、お金を数えるときに独特の符丁を使っていました。

1〜7の数字を音階のドレミファソラシに当てはめ、ドイツ語の音名で「**ツェー**（1）」「**デー**（2）」「**エー**（3）」「**エフ**（4）」「**ゲー**（5）」「**アー**（6）」「**ハー**（7）」と呼んでいたのです。8は「**オクターブ**」、9は「**ナインス**」と呼んでいました。

ですから、1万なら「**ツェー万**」、2000ならば「**デー千**」というわけです。「ギャラはデー万ゲー千だってよ」といえば、デーは2で、ゲーは5ですから、ギャラは2万5000円なのだとわかります。

ポン

シャンパン

キャバレーやホストクラブでは、客が高額なシャンパンを注文すると、店が儲かるだけでなく、ホステスやホストの歩合もアップするという仕組みです。

そこで、彼ら彼女らはシャンパンを注文してほしいわけですが、店のコンセプトによっては「シャンパンが飲みたい」などとストレートな表現は控えるようにいわれることがあります。その代わりによく使われるのが「しゅわしゅわ」。もっとも、これはすでに一般の人の間でも用いられていますね。

そこで、まだまだ隠語として通用しているのが「**ポン**」。シャンパンの栓を勢いよく抜いたときの音を表現しているわけです。

コラム

なんでも逆さまに読む昔のジャズメン

ビールを「**ルービ**」、すしを「**シースー**」など、昔の業界人、とくにジャズのミュージシャンはよく言葉を逆読みした倒語といわれる隠語を使っていました。ちょっと不良っぽく振る舞い、粋がって見せていたのか、あるいは隠語を使うことで仲間意識を高めていたのでしょう。

それが、テレビを通じて一般の人にも知られるようになり、隠語の役割がなくなったためか、今ではほとんどが死語となってしまいました。

地名では、銀座を「**ザギン**」、上野を「**ノガミ**」と倒語にするほか、一部を省略して新宿を「**ジュク**」、池袋を「**ブクロ**」というのも有名です。

音楽関係では、ギターを「**ターギ**」、ベースを「**スーベ**」、トロンボーンを「**ボ**

ントロ」、ピアノを「**ヤノピ**」などと呼んでいました。ピアノを逆読みにすると「ノアピ」になるはずですが、それでは発音しにくかったのかもしれません。

徹底しているのは、2文字であっても無理やり逆読みすることです。あるとき年配のベーシストから、自分の手帳を取ってくれと頼まれたことがありました。「どこにあるんですか?」と聞くと、「ほら、そのターシー、ターシー!」というではありませんか。2秒ほど考えて、ようやく「下」だとわかりました。

別のジャズメンから聞いた話ですが、仲間と3人でタクシーに乗ったところ、運転手がかなりのお年の人で、運転が丁寧すぎてもどかしかったのだとか。直接文句をいうわけにもいかないので、「この**チャンジー**(爺ちゃん)は……」と隠語で悪口を言い合ったのだそうです。

そして、支払いの段になったら、運転手がにっこりとお釣りを差し出しながら「はい、ゲー百円(500円)」といったのだとか。昔ジャズをやっていた人だったそうで、隠語は全部筒抜けだったようです。非礼を詫びるとともに、大笑いで盛り上がったと聞きました。

［参考文献・参考サイト］

『業界用語辞典』　米川明彦［編］　東京堂出版
『知ってびっくり　業界隠語』　長岡喜三郎［編著］　サンドケー出版局
『業界㊤用語辞典』　裏ＢＵＢＫＡ編集部［編］　コアマガジン
『知れば知るほどお相撲ことば』　『おすもうさん』編集部［編著］　ベースボール・マガジン社
『上方ことば語源辞典』　堀井令以知［編］　東京堂出版
『しゃれことば事典』　相羽秋夫　東方出版
『アイヌ語会話イラスト辞典』　知里むつみ、横山孝男　新世紀出版
『古語大辞典』　中田祝夫、和田利政、北原保雄［編］　小学館
「がりつぅ」https://gari2.tuzikaze.com/

さ

索引

あ

か

人生の活動源として

いま要求される新しい気運は、最も現実的な生々しい時代に吐息する大衆の活力と活動源である。

文明はすべてを合理化し、自主的精神はますます衰退に瀕し、自由は奪われようとしている今日、プレイブックスに課せられた役割と必要は広く新鮮な願いとなろう。

いわゆる知識人にもとめる書物は数多く窺うまでもない。

本刊行は、在来の観念類型を打破し、謂わば現代生活の機能に即する潤滑油として、逞しい生命を吹込もうとするものである。

われわれの現状は、埃りと騒音に紛れ、雑踏に苛まれ、あくせく追われる仕事に、日々の不安は健全な精神生活を妨げる圧迫感となり、まさに現実はストレス症状を呈している。

プレイブックスは、それらすべてのうっ積を吹きとばし、自由闊達な活動力を培養し、勇気と自信を生みだす最も楽しいシリーズたらんことを、われわれは鋭意貫かんとするものである。

—創始者のことば—　小澤和一

著者紹介

高村史司〈たかむら ふみじ〉

1956年東京生まれ。東京大学文学部西洋近代語近代文学科卒。塾講師(国語)、外国人向け日本語教師(日本語教育能力検定試験第1回合格)、ITテクニカルライターなどを経て、現在はフリーランスライター。大和言葉、よく耳にするのに気になる言葉や表現を追究。日本語教師の経験から得たトピックも豊富。古語・現代語など日本語に関するワークショップ・研究会等を不定期で開催。

著書に『やまとことば　50音辞典』(飛鳥新社)、『社会人に絶対必要な語彙力が身につく本』(だいわ文庫)などがある。

辞書《じしょ》には載《の》っていない!?
日本語《にほんご》

青春新書 PLAYBOOKS

2024年 6 月25日　第 1 刷

著　者　高《たか》村《むら》史《ふみ》司《じ》

発行者　小澤源太郎

責任編集　株式会社プライム涌光

電話　編集部　03(3203)2850

発行所　東京都新宿区若松町12番1号 〒162-0056　株式会社青春出版社

電話　営業部　03(3207)1916　振替番号　00190-7-98602

印刷・三松堂　製本・フォーネット社

ISBN978-4-413-21213-7

青春新書 PLAYBOOKS

人生を自由自在に活動する――プレイブックス

押してはいけない妻のスイッチ

石原壮一郎

そのひと言でわが家は天国にも地獄にもなる！ 夫婦生活を円満にする「夫」の参考書

P-1208

「長生きする人」の習慣、ぜんぶ集めました。

工藤孝文［監修］
ホームライフ取材班［編］

メンタル・睡眠・ボディケア・食事・運動・趣味・入浴――「健康長寿」をのばす秘訣をギュッと濃縮

P-1209

特殊詐欺から大地震、転倒までシニアが陥《おちい》る50の危険

㈱三菱総合研究所
奈良由美子［監修］

この「備え」が無用なトラブルを遠ざける。リスクが高まるシニアのための安全・安心マニュアル！

P-1210

70歳からは「転んでも折れない骨」をつくりなさい

中村幸男

健康寿命を延ばすカギは「骨」にあった！

P-1211